LÉONCE MESNARD

TROIS ÉTUDES SUR L'ART CHRÉTIEN

1° A PROPOS DE DEUX TABLEAUX DU MUSÉE DE GRENOBLE
GASPARD DE CRAYER & L'ÉCOLE FLAMANDE

2° BERNARDINO LUINI

3° LA CHAPELLE DE SAN BRIZIO A ORVIETO

(Extrait de la *Gazette des Beaux-Arts*)

GRENOBLE
IMPRIMERIE PRUDHOMME-DAUPHIN ET DUPONT
Rue des Prêtres, 1.

1875

LÉONCE MESNARD

TROIS ÉTUDES
SUR L'ART CHRÉTIEN

1° À PROPOS DE DEUX TABLEAUX DU MUSÉE DE GRENOBLE
GASPARD DE CRAYER & L'ÉCOLE FLAMANDE

2° BERNARDINO LUINI

3° LA CHAPELLE DE SAN BRIZIO A ORVIETO

(Extrait de la *Gazette des Beaux-Arts*)

GRENOBLE
IMPRIMERIE PRUDHOMME-DAUPHIN ET DUPONT
Rue des Prêtres, 1.

1875

TROIS ÉTUDES

SUR L'ART CHRÉTIEN

I.

A propos de deux Tableaux du Musée de Grenoble

GASPARD DE CRAYER & L'ÉCOLE FLAMANDE

Gaspard de Crayer est assurément l'un des maîtres flamands auxquels ont le plus profité les travaux contemporains qui se rapportent à l'histoire générale de la peinture ou relèvent plus spécialement de la critique d'art [1]. Pour toute collection publique et privée, c'est un honneur que de montrer des ouvrages qui portent dignement son nom. Le Musée de Grenoble, en parti-

---

[1] *Histoire des peintres* de M. Ch. Blanc (monographie de G. de Crayer). — The early Flemish Painters, by Crowe and Cavalcaselle. — Musées d'Amsterdam et de la Haye, par W. Burger. — *Histoire de la peinture flamande*, de M. Alfred Michiels. — *Histoire de la peinture flamande et hollandaise*, par M. Arsène Houssaye. — *Moniteur des Arts* (décembre 1846 et janvier 1847), articles de M. Anatole de Montaiglon (*Charles Robert*). — *Revue des Deux-Mondes* (15 octobre 1868), article de M. Emile Montégut, où G. de Crayer est étudié avec une prédilection marquée.

culier, peut vanter l'heureuse fortune qui lui permet d'ajouter à la liste des œuvres d'un peintre consciencieux et fécond deux compositions religieuses très-intéressantes, quoique de valeur inégale. Par un surcroît de bonheur, elles accompagnent une page de Rubens, une grande et brillante page à laquelle appartiendrait, à côté d'elles, une autorité incontestable, ne fût-ce qu'à titre de pièce justificative et d'élément de confrontation, mais qui se recommande en outre par la majestueuse franchise des poses et la magnificence des draperies, et découvre, si on la regarde bien, une de ces échappées vers des régions supérieures, une de ces *élévations* que leur rareté signale et fait valoir chez l'un des plus résolus comme des plus puissants contempteurs de l'Idéal qui furent jamais. Nous faisons allusion surtout aux deux pâles et expressives figures de saints reléguées à droite, tout près du cadre, et qui annoncent, moins haut, il est vrai, et de plus loin, ce que proclament, avec certaines parties de la grande *Descente de Croix* d'Anvers, telle ébauche du *Crucifiement* (1) et tel chef-d'œuvre achevé (2) où le maître, atteignant des hauteurs inaccoutumées, imprima sur les traits de saint Ignace, qui en est le héros, une gravité sans apprêt et sans emphase sur ceux des infortunés qui implorent son assistance, une émotion communicative, une vérité d'expression que ne compromettent nul fracas, nulle exubérance matérielle.

Une occasion très-favorable s'offre ainsi tout naturellement, sinon d'établir une comparaison qui ne saurait

---

(1) Musée de Toulouse.

(2) Eglise St-Ambroise, à Gênes.

avoir toute sa portée qu'à la condition d'être poursuivie ailleurs, du moins d'entrevoir les rapports sous lesquels l'auteur de la *Sainte Elisabeth de Hongrie agenouillée devant la Vierge* et du *Martyre de sainte Catherine* se rapproche ou se sépare du grand artiste auquel, une fois, il eut la gloire d'arracher un cri d'admiration ; ayant, du reste, cédé à son influence sans fléchir servilement sous l'ascendant presque irrésistible de ses exemples, et capable de garder vis-à-vis de lui, au contact de sa fougue impérieuse, une modération compatible avec l'éclat et une indépendance exempte de bizarrerie et de caprice.

C'est principalement à lui-même, sans doute, c'est à un tempérament moral sagement équilibré qu'il dut le développement régulier et sûr des facultés dont ses créations portent l'empreinte. Tout ce que l'on sait de lui fortifie une telle induction, le calme profond de sa vie monotone, les habitudes sédentaires qui le tinrent enfermé entre trois affections féminines, sa femme, sa sœur, sa nièce, auxquelles, même le pinceau à la main, il se plaisait à consacrer ses regards et gardait une constante fidélité ; enfin, la place médiocre, effacée, qu'occupe dans l'art flamand le seul maître dont il reçut directement les leçons. On ferait effectivement beaucoup trop d'honneur à Raphaël Coxie, héritier d'un nom qu'il n'eût pas suffi, par lui-même, à tirer de l'obscurité, si l'on imaginait entre lui et son disciple le plus renommé une parenté intellectuelle, comparable le moins du monde à celle que revendiquait en Italie, par exemple, Gaudenzio Ferrari, lorsque, en preuve d'un respect presque filial, il faisait suivre, dans sa signature, son propre prénom du nom de Vinci. D'ailleurs, Crayer ne fait point partie d'une *dynastie* comme celles des Breughel, des Porbus, des Téniers, des Hals, que les Flandres et les Pays-Bas peuvent opposer aux dynasties italiennes des Ghirlandajo, des Solari, des Carrache, aux dynasties, françaises par origine ou par adoption, des Van Loo et des Vernet. Ajoutons, en dernier lieu, que nulle alliance, de même que nul lien du sang, ne le rapproche d'un seul des peintres qui furent ses compatriotes. La remarque pourrait sembler oiseuse s'il s'agissait de quelque autre école. Elle ne manque pas d'à-propos devant l'accumulation de documents fournis par les actes de l'état civil et les archives des corporations pour établir, entre les artistes flamands les plus connus, le renouvellement de ces relations étroites par les femmes, auxquelles on voit encore s'adjoindre ou suppléer les rapports de parenté spirituelle impliqués par les titres de parrain et de marraine ; relations si fréquentes et si incontestables, que bon nombre d'entre eux, sous des noms très-différents, ne forment en réalité et à la lettre qu'une seule famille.

Une habitude de concevoir et d'interpréter les sujets pieux vers lesquels ses préférences le portent, ni trop austère ni relâchée, exempte d'ascétisme sans être entachée d'afféterie, l'ordre, la simplicité, excluant le trop plein, même dans les compositions les plus développées, enfin un mode d'exécution qui dans le choix et le rapprochement des couleurs écarte également les tons étouffés et les teintes trop criardes, autant de caractères moyens qui concourent à faire de Crayer l'un des représentants accomplis de ce qu'on pourrait appeler le genre *tempéré*, en prenant le mot dans sa meilleure acception pour l'appliquer à la peinture religieuse. La place intermédiaire qui lui revient au-dessous du maître qui est la gloire principale de l'Ecole d'Anvers, occupera, si l'on veut, le milieu d'une ligne où figureraient à ses côtés Van Hœck et Boyermans, puis, aux deux extrémités se correspondant par leurs oppositions même, Jordaens et Philippe de Champaigne ; Van Hœck avec cette recherche de la noblesse et de l'élégance qui valut à quelques-unes de ses œuvres l'honneur d'être mises sous le nom de Van Dyck ; Boyermans, se distinguant de Crayer en ce qu'il se plaît à répandre un parfum religieux, à introduire une atmosphère de dévotion dans des scènes d'intérieur dont il agrandit les proportions [1], tandis que Crayer excelle à faire luire dans ses tableaux de sainteté le reflet des habitudes et des impressions familières de la vie intime. Pour Philippe de Champaigne, si l'on se bornait à la peinture religieuse proprement dite et si l'on n'exceptait d'admirables figures du Christ, un tel rapprochement avec des maîtres qu'entoure cependant une célébrité moindre ne lui profiterait guères, tant il lui est ordinaire de se montrer équivoque, incertain, dérouté, soit dans l'ordonnance des sujets, soit par la pauvreté d'accent des figures qu'il prétend idéaliser, tant on a d'occasions de lui appliquer ce mot de La Bruyère : « Un caractère bien fade est celui « de n'en avoir aucun, » dès qu'il n'a plus devant lui l'un de ces modèles vivants sur lesquels il a besoin de s'appuyer pour retrouver sa force, rentrer en possession de la simple vérité et prendre la plus éclatante des revanches.

---

(1) Musée d'Anvers.

Quant à Jordaens, il ne se contente pas d'achever, de pousser à outrance ce que Van Noordt avait inauguré, de réchauffer au feu de ses colorations ardentes, empourprées, ce que le pinceau de Champaigne refroidit très-souvent, il va jusqu'à déshonorer, à diffamer, par une intention de dénigrement systématique, ce que l'instinct impérieux de Rubens avait seulement compromis et profané. Certes, les moines que ce grand peintre fait voir groupés autour du chef de leur ordre, qui s'apprête à recevoir la communion [1], sont bien loin, avec leur lourdeur béate et leurs mines risiblement dolentes, de la solennité, de la componction, qui, sous la main de tel artiste, même secondaire, appelé, vers le XIVe ou le XVe siècle, à s'exercer sur les murailles de quelque église de Toscane, s'impriment comme d'elles-mêmes sur les traits des disciples de saint François ou de saint Dominique. Mais on sent que Rubens les a transportés là tels, absolument tels qu'il les a vus lui-même au fond de quelque couvent de la Flandre ou du Hainaut, qu'il a entendu, quant à lui, garder son sérieux et n'y pas mettre du sien, et, dans cette mesure, ce n'est pas sa faute si, plutôt que de faire naître une émotion sincère, ces figures semblent marquées du stigmate qu'y aurait appliqué quelque énorme jovialité de Rabelais ou quelque sarcasme envenimé de Voltaire. Il n'en est pas de même de Jordaens. Une préméditation bien établie lui ôte toute chance d'absolution et ne lui laisse le bénéfice d'aucune circonstance atténuante. Chose remarquable! Dans les bacchanales, dans les

---

(1) Musée d'Anvers, *Communion de St François.*

joyeuses goinfreries où il prend de telles licences, la dignité des physionomies humaines ne subit pas d'irremédiables atteintes. Abandonne-t-il les fictions de la fable antique ou la réalité crue de ces prouesses pantagruéliques pour s'inspirer des traditions sacrées, il perd tout souci de cette dignité, en abjure tout respect. Assurément, s'il aborde l'épisode suprême de la Passion ([1]), on serait mal venu à lui demander la retenue, le sérieux profond des peintres d'un autre âge, qui, par une seule larme, transparente comme une goutte de cristal, pure comme la perle la plus fine, savent révéler des abîmes d'amertume et des trésors de souffrances ; ce qu'on aurait tout au plus le droit d'attendre de lui, lorsqu'il s'agit de rendre l'expression la plus contraire à la joie, ce serait la même abondance sans choix de témoignages qu'il prodigue à l'expression de la joie, ce serait, sur des faces congestionnées, sur des joues rebondies, l'épanchement de pleurs ruisselants comme une pluie d'orage. Cette attente est encore dépassée. Il faut reconnaître qu'il a trouvé le secret de souiller ce flot de douleur par la repoussante et basse trivialité qui déteint en quelque sorte sur lui et le salit en s'y mêlant ; il faut rendre justice à cette consciencieuse exclusion de tout ce qui pourrait troubler, déranger un aussi éclatant triomphe de la laideur, fût-ce la moindre des lueurs

---

([1]) Musée de Rennes. — Pour être complétement juste à l'égard de ce *Crucifiement* de Jordaens, on doit s'empresser d'ajouter que la disposition du manteau bleu qui enveloppe la Vierge ne manque pas d'une certaine noblesse, malheureusement toute extérieure et superficielle, et que la robe jaune citron de Madeleine est brossée avec une rapide et sûre hardiesse.

fugitives qui, sous le pinceau de Rembrandt, apparaissent, jaillissent à chaque instant pour tout racheter, tout relever, tout transfigurer. Suivant le dire de l'Arétin, le *Jugement dernier* de Michel-Ange risquait de faire placer son auteur au rang des Luthériens. A juger ainsi de l'homme par les tendances les plus visibles de l'artiste, quel incrédule effronté, quel mécréant on serait tenté de découvrir chez le peintre calviniste que nous venons d'aborder en passant ! On ne le calomnie pas, du moins, en affirmant que le désenchantement pénible qu'il inflige produit un sentiment de réaction morale et provoque comme l'attente d'une réparation qui devait être complète, exemplaire, dirons-nous exagérée ? le jour où il serait donné à un coreligionnaire, presque à un compatriote de Jordaens, à Ary Scheffer, de remettre en sa vraie lumière, en le reportant à travers une atmosphère un peu raréfiée, jusqu'aux régions de la spiritualité pure, l'Art religieux ainsi ravalé.

G. de Crayer serait-il de force à lutter avec Ph. de Champaigne, sur le terrain le plus avantageusement choisi en faveur de celui-ci ? Il reste, par malheur, un assez petit nombre des portraits qui, de son vivant, contribuèrent à étendre sa réputation. Quels furent les caractères dominants de ceux qui nous manquent ? Appartenaient-ils à la famille de ces portraits qui, venant au-devant du spectateur, s'adressent à lui comme à un interlocuteur, annonçant la parole plus encore qu'ils ne laissent deviner la pensée ? Notre peintre aimait-il mieux faire voir ses modèles retirés en eux-mêmes, solitaires, muets, mais profondément expressifs et prêts à répondre, pourvu qu'on se donnât la peine et qu'on prît le temps de les interroger, d'entrer dans la confidence qu'ils permettaient de pénétrer plutôt qu'ils ne la livraient spontanément ? Se rapprochait-il de Rubens ou révélait-il quelques-unes des qualités qui font vivre les effigies de la mère Angélique de Port-Royal et d'Arnaud d'Andilly ? Pour conclure sur ce point avec vraisemblance, il faudrait des moyens d'investigation et des éléments de comparaison plus multipliés que ceux dont, aujourd'hui, nous pourrions disposer.

Ce que l'on a du moins le droit de relever, sans scrupule, à l'honneur de Crayer, c'est que la contagion des exemples de Jordaens ne l'atteignit nullement. Les deux tableaux du Musée de Grenoble, à eux seuls, en témoignent suffisamment et le démontreraient mieux encore si l'on pouvait les confronter avec le *Crucifiement* du Musée de Rennes [1]. Ils auraient, du reste, bien autre chose à dire encore, soit que l'on se place au point de vue du style propre de Crayer, soit que, dans une étude plus générale des courants principaux entre lesquels, de son temps, se partageait l'Art Flamand, l'on cherche à reconnaître les lacunes qui s'y découvrent, et à signaler les causes d'une certaine stérilité morale que ne dissimulent pas suffisamment de bruyantes manifestations où l'abondance tient souvent lieu de la variété.

L'un de ces tableaux, le plus remarquable des deux, est une composition mystique, mais de ce mysticisme mitigé

---

[1] Tout près de ce *Crucifiement*, se trouvent deux œuvres de Crayer, une *Descente de Croix* et une *Résurrection de Lazare*. Dans le premier de ces tableaux, quelques figures au moins sont tout à fait réussies, dans le second, le Christ est bien médiocre, mais il y a lieu de remarquer le regard si expressif déjà, dans sa surprise, que jette l'œil encore vitreux de Lazare.

où se complaît d'ordinaire l'imagination du peintre [1]. L'autre est un Martyre, mais avec certains adoucissements qui tiennent à une habitude prise de ne jamais faire prédominer l'épouvante et l'horreur, aux dépens de l'attendrissement et de la pitié. C'est bien dans ce sens qu'il faut entendre l'appréciation, exagérée, en apparence, que M. Alf. Michiels formule ainsi [2] : « Si l'Ecole d'An-
« vers est la plus dramatique entre toutes les écoles de
« peinture, Crayer est le plus dramatique de ses repré-
« sentants. » C'est dans ce sens, au reste, qu'elle est immédiatement expliquée par l'auteur lui-même, qui a voulu dire et qui aurait peut-être mieux fait de dire, pour ne laisser aucun doute sur sa vraie pensée, *le plus sympathique* et le plus *touchant*.

Quand Crayer montrait sainte Elisabeth de Hongrie agenouillée devant la Vierge, en compagnie de saint Augustin, de sainte Madeleine dei Pazzi et de sainte Dorothée [3], il y avait longtemps que la peinture reli-

---

[1] Si l'on pouvait remonter plus haut que l'année 1811, époque de la donation faite au Musée de Grenoble, l'on constaterait peut-être que ce tableau, qui provient de l'église des Augustins à Gand, fit partie du tribut conquis sur la Belgique par nos premières armées républicaines, et put motiver pour sa part les honneurs assez imprévus de la priorité attribuée à Crayer dans le document dont nous rapportons un fragment : « La République acquiert par son cou-
« rage ce qu'avec des sommes immenses Louis XIV ne put jamais
« obtenir. *Crayer*, Van Dyck et Rubens sont en route pour Paris,
« et l'Ecole Flamande *se lève en masse* pour venir orner nos Mu-
« sées. » (*Rapport présenté à la Convention nationale par l'abbé Grégoire.*)

[2] *Rubens et l'Ecole d'Anvers*, p. 305.

[3] La *Sainte aux fleurs*, un peu délaissée pendant les grandes époques de l'Art chrétien, n'a pas eu l'heureuse chance de trouver

gieuse s'était affranchie de la rigidité primitive qui, dans les représentations de ce genre, comme plus anciennement pour les bas-reliefs des sarcophages chrétiens qui présentent le Christ au milieu de ses apôtres, commandait une symétrie parfois imposante, parfois aussi froidement conventionnelle. L'expansion, la liberté, une liberté dont on devrait trop aisément abuser, avaient remplacé la contrainte, la discipline, et substitué à l'exact alignement de figures juxtaposées les formes variées d'une harmonieuse association. Relevés de la longue faction qu'ils avaient si longtemps faite, debout, immobiles, près du trône de la Reine des cieux, les saints avaient quitté les niches et les compartiments qui, les tenant étroitement captifs, prévenaient entre eux tout rapprochement heureux comme tout contraste animé. Les chérubins et les séraphins, au lieu de rester suspendus des deux côtés du même baldaquin, enchaînés au même escabeau, avaient pris en tous sens leur essor. Devant la toile de Crayer qui nous arrête, les salutaires effets de cette émancipation se font seuls reconnaître, séparés des abus qui suivirent, et le progrès matériel se justifie pleinement par les exquises convenances morales qu'il autorise. Une touche légère, moelleuse, *sfumata*, qui, cette fois, éveille le souvenir de Murillo plutôt qu'elle ne provoque une comparaison avec Rubens, assortit ici l'éclat amorti du rouge avec le blanc aux reflets soyeux, avec la nuance intermédiaire et si tendre qui flotte sur les membres délicats de l'Enfant

---

place dans un de ces chefs-d'œuvre qu'entoure une gloire incontestée. Plus qu'aucune autre peut-être, l'ancienne école de Sienne s'était occupée d'elle.

Jésus et des Anges, et sur les doigts de rose de la Vierge [1]. Elle ménage entre ces tons des gradations douces, de même qu'elle a su en ménager, ailleurs, entre de fines colorations mauves et lilas se détachant sur la vapeur roussâtre des fonds [2].

Elle n'est ni moins douce, ni moins habilement exprimée, la transition toute morale qui, dans la personne et sur les traits des trois saintes, franchit légèrement trois degrés d'initiation à la vie supérieure où elles sont admises, et marque, par trois inflexions qui les désignent sans les souligner, la bienveillance protectrice, la candeur unie à la simplicité, et l'humilité relevée par la ferveur. Telles sont bien les vertus dont, en général, les figures féminines de Crayer offrent la personnification; vertus un peu subordonnées à celles dont l'alliance de deux groupes inégaux a été consacrée par la théologie, mais grandissant à leur ombre et portant leur reflet avec modestie. La modestie, voilà, en effet, leur compagne inséparable, et, tandis que les femmes somptueusement parées de Rubens étalent avec complaisance,

---

(1) Ce sentiment très-distingué des nuances morales et matérielles assure, suivant nous, une supériorité incontestable au tableau du Musée de Grenoble, si on le compare à une autre page de Crayer appartenant au Musée du Louvre et récemment remise en lumière, qui avait longtemps partagé le malheureux sort d'un grand nombre de chefs-d'œuvre de l'Ecole Flamande. Cette comparaison est rendue toute naturelle par les rapports intimes qui existent entre ces deux compositions, et notamment par la présence, dans l'une et dans l'autre, de sainte Dorothée et de saint Augustin, à côté ou aux pieds de la Vierge.

(2) Par exemple, dans l'*Assomption d'une sainte*. (Eglise de St-Michel, à Gand.)

même en ayant l'air de le porter négligemment, le luxe qui leur tient au cœur, une secrète intention de dépouillement, perçant à travers les dehors les plus opulents, jette comme un voile invisible sur l'étalage d'étoffes, non moins riches et non moins brillantes, que Crayer, héritier de traditions qui remontent plus haut que Rubens, jusqu'aux Van Eyck, se plaît à rehausser par l'éclat des broderies, des joyaux, des pierres précieuses. Celles qui en sont le plus étroitement enveloppées ou le plus largement surchargées laissent deviner que si des convenances mondaines leur imposent une telle parure, elles n'y tiennent pas, elles s'en détachent intérieurement et la rejettent loin d'elles en esprit.

Lorsque Crayer porte ainsi, au seuil du Paradis, plutôt que l'image d'une béatitude surhumaine, la transfiguration adoucie et placide des vertus simples, on serait tenté d'ajouter usuelles, qui forment la trame quotidienne d'une vie terrestre régulièrement ordonnée où dominent le culte du devoir et le dévouement sans efforts, n'est-il pas fidèle au génie flamand tout autant qu'au sien propre? A mesure, en effet, que la séparation religieuse et politique poursuivie entre les Pays-Bas Espagnols et les Provinces-Unies avait déterminé une séparation correspondante entre l'Art flamand et l'Art Hollandais, rapprochés d'abord et habitués à s'avancer sur des voies parallèles, alors qu'au XVe siècle les écoles de Harlem et de Leyde pouvaient se glorifier des Corneille Engelbretschen et des Thierry Bouts, comme Gand et Bruges des Van Eyck et des Memling (sans compter les artistes qui formaient trait d'union entre les deux groupes, Gérard David, par exemple), certains genres qui, là, continuèrent à être cultivés avec un succès persévérant, se trouvèrent, ici, abandonnés ou négligés. Tandis que Metzu, Terburg, Vandermeer de Delft et tant d'autres ne laissent rien ignorer des habitudes et des mœurs de ces classes bourgeoises enrichies par le commerce et l'indépendance, pénètrent au fond de leurs demeures, nous mettent au courant de l'emploi qu'elles font de leur prospérité et de leurs loisirs, Van Dyck n'admet à poser devant lui que les représentants de l'aristocratie. Téniers reste le peintre ordinaire des paysans et les suit à travers toutes les distractions extérieures par lesquelles ils s'efforcent de charmer leurs misères et d'oublier leurs rudes labeurs. Gonzalès Coques est à peu près le seul qui s'attache à faire passer dans ses *Conversations*, dans ses Réunions de famille, le sans-façon exempt à la fois de cérémonie et de rusticité, mais non sans élégance, qui est propre aux classes moyennes de la société.

Quitte-t-on les scènes de la vie privée pour les spectacles de la vie publique, l'Art Flamand du XVIIe siècle accuse une insuffisance égale, sinon plus marquée encore. La vraie cause en est sans doute que tout intérêt national manquait à la série d'événements, si tragiques au reste, dont se compose l'histoire de ces Pays-Bas, demeurés purement et simplement une province de l'Espagne. Lorsque en 1635, un représentant de cette puissance, placé au rang le plus élevé par son caractère religieux autant que par son rôle politique, voulut célébrer son entrée par des solennités inaccoutumées, il fit à la peinture l'un de ces appels que les petits souverains italiens de la Renaissance avaient tellement multipliés, pour le triomphe de leurs éphémères et vaniteuses prétentions bien plus que pour l'avantage et l'instruction de la postérité. G. de Crayer, concourant à cette sorte de *centenaire* voué rétrospectivement à la mémoire des hauts faits de Charles Quint, unit la réalité à l'allégorie dans des créations [1] destinées à être moins rapidement périssables que tant d'autres œuvres décoratives improvisées dans des intentions analogues. Mais qu'y avait-il là qui pût faire sérieusement tressaillir la fibre populaire? Peinture de circonstance plutôt encore que peinture historique, les tableaux du maître, remarquables d'ailleurs à plus d'un titre, ne contenaient pas même un de ces hommages contemporains, tels que Le Brun et Vandermeulen en décernèrent à tant de reprises au souverain dont ils s'étaient constitués historiographes. Ils impliquaient seulement une glorification posthume de la nature de celles que, plus près de nous, Gérard accomplissait, lorsque, remontant dans le passé non sans esprit de retour vers le présent, il faisait revivre, après un intervalle bien plus que séculaire, quelque épisode mémorable des règnes de Henri IV et de Louis XIV.

De cette infériorité absolue de la peinture historique, de cette infériorité relative de la peinture de genre considérée sous l'un de ses aspects principaux, que devait-il résulter? Que l'Art religieux, auquel appartenait, dans les pays flamands, une prédominance tellement significative, se chargerait d'exprimer tacitement, par une voie détournée, ce qui ne trouvait pas un mode de manifestation direct pour se faire jour. Des scènes inspi-

---

[1] Le Musée de Gand conserve encore celles de ces compositions qui ont pour sujets *François Ier fait prisonnier à Pavie* et la *Descente en Afrique*.

rées de la Bible et de l'Evangile admirent un mélange d'éléments familiers et d'intentions étrangères au texte, qui, sans y apporter de dissonances trop sensibles et de transpositions trop brusques, ne laissent pas d'en abaisser un peu le ton, et, si on peut le dire, d'en changer parfois la clef. En même temps, les sujets empruntés plus volontiers encore aux Actes des Saints et surtout aux Actes des Martyrs, devinrent comme le moule consacré où s'épanchaient et bouillonnaient les émotions violentes qui agitaient les âmes diversement affectées par les drames de la vie publique.

Quand on parle de l'introduction d'éléments familiers dans des compositions plus ou moins mystiques, il importe de préciser le sens particulier qui doit s'attacher à ces termes. Veut-on signaler par là la présence de tel détail vulgaire qui, suivant la période de l'histoire de l'Art et la physionomie générale des œuvres, selon que l'artiste qui le laisse échapper ou bien en calcule l'effet, est de l'Ecole de Giotto ou bien a été formé par Le Brun, paraît, ici, un trait de naïveté, là, une marque d'afféterie? Veut-on désigner certaines parties du domaine de l'Art religieux que, sur le tard, aux basses époques, cultivèrent, non sans succès, en Italie, des artistes tels que Giovanni di San Giovanni, et surtout ce Giuseppe Crespi qui, s'attachant aux côtés usuels et pratiques d'une piété mise en action, observait et rendait aussi naturellement et sans y mettre plus de mystère tel baptême, telle scène de confessionnal prise sur le fait [1], qu'un intérieur d'école ou une sorte de Cour

---

[1] Musée de Turin.

des Miracles [1]? Non, ce n'est pas par certaines juxtapositions toutes matérielles, ce n'est pas non plus par l'adoption de certains sujets, oubliés ou négligés jusque-là, c'est bien plutôt par une fusion intime, dans le caractère, dans la physionomie des personnages, d'aspirations supérieures avec des réminiscences de la vie de tous les jours, que des peintres comme Crayer et Boyermans opèrent cette sorte de conciliation entre l'Idéal et le Réel. Le sentiment exalté de l'Idéal y est soumis à quelques condescendances, sans abaissement trop sensible et sans pénibles dérogeances ; le goût exclusif du Réel n'y reçoit pas de satisfactions exagérées ou inconvenantes. Si l'on est presque choqué de voir la femme de Job transformée en mégère acariâtre et ses amis en ergoteurs tracassiers [2], comme on pardonne vite au peintre qui a su réaliser dans la personne de sainte Anne le type de la matrone grave et douce, de la mère de famille sérieuse et sereine [3], et donner à

---

(1) Musée d'Avignon.

(2) Musée de Toulouse.

(3) Musée de Nantes. Le tableau de l'*Education de la Vierge* est un de ceux qui donnent l'idée la plus complète tout à la fois de ce que l'exécution de Crayer a de souple et d'étoffé, et des *conditions moyennes* de l'interprétation que reçoivent de lui les sujets pieux. Sur la personne de sainte Anne et autour d'elle, interrogez les détails, les accessoires, cette coiffure retombant avec ampleur, les larges manches garnies de fourrures, les ustensiles de ménage placés sur la table que recouvre un riche tapis de Turquie et que termine un pied de griffon. Que suggèrent-ils tous également? la placidité, l'aisance d'une bourgeoise respectable et rien de plus. Le regard brillant que Marie adresse à sa mère, en indiquant, d'un geste *capable*, le livre dont elle est fière d'avoir pénétré le sens, exprime, bien plutôt que la surprise causée par un texte mysté-

ses figures du Musée de Grenoble ce charme singulier qui ne laisse prise ni à l'affectation ni à la banalité !

Un autre élément, qu'on appellerait volontiers l'élément dramatique, porte du dehors jusqu'au cœur de l'Art religieux flamand l'empreinte non plus des habitudes privées, mais des mœurs publiques, lorsque cet Art s'attache à reproduire, avec quelle complaisance inépuisable ! les derniers combats livrés en vue de la palme sanglante, par ceux que Pascal a nommés ***les témoins qui se font égorger***. Quand on voit les peintres qui se groupent autour de Rubens, beaucoup moins empressés de suivre les confesseurs de la foi à travers les stations successives et les pieuses aventures de leur pèlerinage terrestre, que de tout franchir pour se fixer au point décisif, à ce moment unique où ils donnent leur vie pour leurs croyances, on est disposé à chercher l'une des raisons principales de cette prédilection dans l'ébranlement moral causé par le spectacle des luttes religieuses et politiques, par cette mise en scène sans cesse renouvelée de soldats, de bourreaux, de victimes, qui laissait si peu de vide entre les horreurs des champs de bataille et les exécutions juridiques. Tant d'éclatantes protestations en faveur du culte des saints, affirmé avec

---

rieux, la candide satisfaction d'amour-propre qui suit une leçon bien dite. Ce qui relève tout le reste, ce qui empêche qu'on ne se sente trop dépaysé, c'est moins la présence des deux anges (dont l'un s'agenouille assez gauchement), que la fervente action de grâces qui éclate sur les traits si vivants du cinquième personnage, les illumine d'un reflet céleste et, dans le père de famille, fait si bien reconnaître le saint.

un zèle d'autant plus ardent que, tout près de là, les esprits glissaient plus rapidement sur la pente de l'abjuration, portent comme le sceau violemment apposé de la domination espagnole et de la fidélité au catholicisme qu'il en avait coûté si cher de maintenir.

Entre les *Martyres* des époques primitives, qui présentaient la régularité grave d'un rite sacré, tant l'insensibilité solennelle et voulue des assistants s'accordait avec l'impassibilité surhumaine du personnage principal, et les exhibitions dépourvues de tout ménagement qui, sous le pinceau de certains artistes de l'Ecole Espagnole habitués à manier sans scrupule les plaies les plus hideuses, allaient dégénérer en scènes de carnage et de boucherie, les œuvres favorites de l'Ecole d'Anvers occupent un vaste espace, un terrain neutre où elles se rencontrent souvent avec celles de l'Ecole de Venise. Là, comme sur d'autres points encore, se déclarent entre l'une et l'autre les affinités, les influences réciproques, nées d'un échange de procédés et d'un commerce de doctrines incontestables en eux-mêmes, quoique laissant incertaine la détermination exacte des bénéfices respectivement recueillis pour quiconque recherche, sans préjugé ni parti pris, de quel côté a vraiment penché la balance.

Faire du martyre le tableau final destiné à clore la série d'épisodes gracieux, touchants ou terribles, moitié biographie, moitié légende, à travers lesquels se déroulait quelque histoire édifiante, voilà un mode d'interprétation auquel s'étaient rattachées successivement certaines œuvres pittoresques, différant du reste entre elles autant que les naïfs récits assemblés et noués sous le titre de *Petites Fleurs de saint François*, contrastent avec les poëmes surchargés d'événements et de personnages qui portent le nom de Bojardo ou celui d'Arioste. N'est-elle pas, en effet, comme l'image anticipée de l'un de ces poëmes, en même temps qu'un tardif et mémorable exemple du système mis en pratique par tant d'artistes italiens du XIVe et de la première partie du XVe siècle, cette chronique de sainte Ursule [1] où le Vénitien Carpaccio se plut à introduire tant d'interminables processions, tant de groupes faits pour intéresser le regard par l'habileté de la distribution, la variété des attitudes et des costumes, sans oublier les bandes de musiciens convoquées à tout propos, dussent-elles, comme dans la légende de saint Georges dont le même peintre s'est inspiré ailleurs [2], former l'accompagnement le plus artificiel dont il pût s'aviser, le moins en rapport avec le caractère propre de son sujet. Plus tard, Véronèse, une fois du moins, devait rester fidèle à ce procédé traditionnel; c'est lorsqu'il consacrait à divers épisodes de la vie de sainte Christine un ensemble de peintures aujourd'hui dispersées à travers les

---

[1] Académie des Beaux-Arts à Venise. Dans quelques autres productions, telles que les figures de jeunes femmes du Musée Correr, dont l'habillement offre de si curieux détails, telles surtout que l'une des fresques de l'Eglise San Giorgio degli Schiavoni (*Vie de saint Jérôme*), où l'on voit rendues avec l'esprit d'observation le plus patient et la plus minutieuse fidélité toutes les parties de l'ameublement, combiné en vue de la méditation et de l'étude, qui fait de la chambre d'un solitaire à la fois une cellule et un cabinet de travail, Carpaccio apparaît comme l'un de ces peintres religieux doublés d'un peintre de genre qu'il est bien plus ordinaire de rencontrer dans les Pays-Bas qu'en Italie.

[2] Eglise de San Giorgio degli Schiavoni.

salles de l'Académie, à Venise. Mais, à cette exception près, il demeure, avec Rubens, quoique dans un autre esprit, le représentant le plus brillant et le plus accompli de la méthode nouvelle qui, détachant le martyre de tout ce qui le précède, en fait, non plus le dernier chapitre d'une histoire ou le dernier chant d'un poëme, mais un coup de théâtre qui, sans préparation, sans lien avec des scènes précédentes, s'empare, seul, d'une attention que rien autre n'a préalablement éveillée. Quant aux dissemblances qu'il convient de signaler entre ces deux maîtres, il faudrait, pour s'en rendre compte, rapprocher en idée le saint Liévin conservé au Musée de Bruxelles, du saint Georges (1) ou du saint Sébastien (2) de Caliari. D'un côté, l'on verrait triompher la verve incomparable qui parcourt en le remuant tout le domaine inférieur de l'Art dont elle recule les limites, fait remonter jusqu'à l'homme quelque chose de la rage forcenée de l'animal, et communique un reflet des ardeurs et des passions humaines aux animaux qui, là, tout comme dans les chasses de Sneyders ou bien dans ces autres chasses, aussi périlleuses que des batailles, improvisées par Rubens lui-même, ont leur part obligée de férocité aveugle et brutale. On trouverait que cette verve est plus redevable à Tintoret qu'à Véronèse,

---

(1) Eglise de San Giorgio à Vérone. (Le Musée de Lille possède une réduction de ce chef-d'œuvre.)

(2) Académie de Venise. On pourrait ajouter, comme se rattachant à l'Ecole Vénitienne, le Martyre trop peu connu qui a pour auteur le peintre Petrus Rosa, et qui, dans la première chapelle à droite de la charmante église de la *Madonna delle Grazie* à Brescia, appelle le regard par une telle puissance de relief.

sans compter la leçon reçue, une fois pour toutes, de Léonard de Vinci ; car le fragment du combat d'Anghiari que le chef de l'Ecole d'Anvers se plut à copier, est là pour attester qu'entre l'auteur de la ***Descente de Croix*** et l'auteur du ***Cénacle*** et de la ***Joconde***, il n'y avait qu'une rencontre possible, en un seul endroit, sur un point unique, c'est-à-dire sur cet étroit coin de terre que des cavaliers revêtus d'armures étranges foulent et se disputent avec une telle fureur. De l'autre côté, en levant les yeux vers le groupe de Vertus qui plane au-dessus du saint Georges ainsi qu'une lointaine et vivante auréole, en observant autour du saint Sébastien les contrastes multipliés que présentent, en regard de l'indépendance morale qui s'affirme par l'acceptation résolue du sacrifice suprême, le dédain superbe, l'impitoyable indifférence, la curiosité froide et maligne, on serait heureux d'entrevoir le couronnement idéal de ce même art, par-delà les éléments terrestres qui doivent l'affermir par la base, mais sans arrêter ni appesantir son essor. On sentirait, à tout le moins, combien il importe de réserver une place, une large place, à l'intelligence élevée, à la pensée pénétrante, dans toutes les émotions, quelles qu'elles soient, destinées à agiter les cœurs, et dans les fêtes les plus brillantes qui se puissent offrir aux regards.

Comparé à de tels ouvrages, le ***Martyre de sainte Catherine***, de Crayer [1], n'a évidemment qu'une valeur secondaire. Dans l'œuvre même de Crayer, il ne saurait être mis en parallèle avec telle composition du même

---

[1] Musée de Grenoble.

ordre appartenant au Musée de Lille ([1]) qui montre avec quelle sage mesure le peintre réussit à passer entre ces deux écueils, l'exagération de l'horreur qui est inhérente au sujet qu'il traite, la froideur conventionnelle si opposée à l'effet qu'il cherche et qu'il a raison de vouloir produire. L'exécuteur qui se tient debout derrière la sainte est une répétition affaiblie du bourreau tout autrement énergique qui figure dans le chef-d'œuvre de Corneille Schut ([2]). Les animaux, de leur côté, sont bien loin de l'acharnement et de la fougue presque tragiques si admirablement rendus par Rubens, Sneyders, Schut lui-même. Mais où l'on trouve, en revanche, une preuve supplémentaire de ce que le tempérament d'artiste que nous étudions a de relativement modéré et de volontairement adouci, c'est dans les deux figures de femmes qui occupent le devant de la composition. On en revoit de telles dans plus d'un tableau de Crayer, et notamment dans sa dernière œuvre, le *Saint Blaise* du Musée de Bruxelles. Il aime à les placer ainsi, à l'avant-scène, tournées vers le patient avec le mouvement de compassion agissante qui incline la sœur de charité vers le lit du malade ou la civière du blessé, mais remplissant en même temps, vis-à-vis du spectateur, quelque chose de l'office confié au chœur dans les tragédies antiques. Ne dirait-on pas, effectivement, qu'elles sont là pour entretenir intelligence avec

---

([1]) Les Martyrs enterrés vivants, ou les *Quatre couronnés*. Une très-juste appréciation de ce tableau est contenue dans un article consacré par M. Louis Gonse au Musée de Lille. (*Gazette des Beaux-Arts*, n° de décembre 1872.)

([2]) Le Martyre de saint Georges.

lui, pour apporter, à lui aussi, un secours, un soulagement, en allant au-devant des impressions dont il ressentirait autrement la rudesse, si elles venaient le frapper sans l'interposition de ces témoins attendris, chargés d'exprimer les premiers, à voix basse, avec ménagement, ce qui, de soi-même, retentirait avec un éclat trop tranchant?

Nulle reproduction sérieusement approfondie de la Nature extérieure n'apparaît dans les œuvres de Crayer que possède le Musée de Grenoble. Faut-il s'en étonner? Y a-t-il lieu de le regretter? M. Arsène Houssaye (1), il est vrai, fait honneur à Crayer de *paysages élégants*, mais la page qui contient cette assertion plus que téméraire est peut-être la plus superficielle, assurément l'une des plus fausses de ton d'un ouvrage où les appréciations fausses et superficielles abondent, surtout lorsqu'il s'agit de maîtres qu'une gloire éclatante n'a pas produits en pleine lumière. N'est-ce pas au même endroit qu'une composition mythologique, échappée à la main de Crayer, devient comme la caractéristique de son talent, quand elle ne constitue en sa faveur qu'un témoignage tout-à-fait exceptionnel? Crayer peintre de paysages relève encore plus de la fantaisie que Crayer auteur de sujets profanes. Il est avéré, en effet, qu'il a très-rarement abordé cette région de l'Art, et, quand il y était amené, il avait toujours soin d'appeler à son aide une main étrangère. Son œuvre n'ajoute donc nul document, si léger qu'il soit, à l'ensemble de

---

(1) *Histoire de la Peinture Flamande et Hollandaise*, t. I, page 317.

monuments qui permet de recomposer l'histoire particulière de cette branche de la peinture à travers les annales de l'Art Flamand.

Histoire curieuse lorsqu'on en parcourt toute la suite, à commencer par les frères Van Eyck, à finir par les frères Huysmans, ces derniers venus si dignes d'entrer en ligne de compte; car ils avaient reçu et ils communiquèrent tardivement à l'Art de leur pays quelques-uns des dons les plus précieux départis depuis longtemps aux artistes hollandais; leurs horizons veloutés, leurs masses de feuillage si touffues, si ombreuses, leurs murailles de rochers aux parois si nettement accentuées, sont là pour en faire foi. Histoire instructive encore et féconde en révélations, à ne la prendre que par les sommets, à ne vouloir marquer et mesurer que les deux grands *points de partage* éclairés et signalés par les délicieuses créations des Van Eyck et des Memling qui se rapportent au XVe siècle, par les innovations hardies de Rubens qui appartiennent au XVIIe. Jamais, mieux qu'à la première de ces deux époques, les aspects de la Nature ne s'adaptèrent, par le charme profond d'une interprétation consciencieuse, aux scènes qu'ils devaient encadrer; jamais, mieux qu'à la seconde, ils ne traduisirent les tendances personnelles du maître dont le regard les embrassait avec une rapide assurance et n'abondèrent dans le sens où lui-même se laissait entraîner.

Voyez ce *Baptême du Christ* (1) qu'une critique, plus hardie à mesure que des études plus approfondies et

---

(1) Musée de Bruges.

plus positives lui confèrent des droits nouveaux, ne craint pas de disputer à Memling. L'égale limpidité de l'atmosphère et des eaux, une lumière sans éblouissement, des nuages floconneux, sans menaces, tels qu'on en voit, suspendus au même point de l'horizon, tout le long d'un beau jour, l'élégante et forte rectitude de ces arbres élancés et touffus, *patuli* et *proceres*, dont on peut bien dire, toujours dans la langue de Virgile :

Exiit ad cœlum ramis felicibus arbos ;

tout cet entourage est absolument à l'unisson avec la gravité paisible des personnages qu'il encadre, avec le recueillement des femmes agenouillées, avec la majesté calme de l'ange qui, sous l'ampleur sacerdotale de ses vêtements, a si bien l'air d'officier à une cérémonie sacrée. Il n'est pas jusqu'à tel détail, moins apparent et assez peu significatif en lui-même, qui ne concoure indirectement à fortifier un tel accord. Le même respect de la vérité qui interdisait au peintre de choisir, pour les mêler aux herbes de la rive, d'autres fleurs que celles qui sont bien connues pour se plaire au bord des ruisseaux, lui a imposé l'obligation de rendre minutieusement les ondulations régulières, les courbes concentriques qui, du point où plonge la partie inférieure du corps de Jésus, s'étendent à toute la surface liquide :

Orb within orb, and line through line inwoven (¹).

Dans cette habile reproduction d'un phénomène phy-

(¹) Shelley. *Prometheus unbound*, act. 2, sc. I.

sique, est-ce que le mérite purement imitatif frappera seul l'esprit du spectateur? Non, et pour peu que son imagination entre en jeu, elle y saisira volontiers l'accompagnement vague et le reflet lointain de ce que font entendre de clair et de profond les physionomies de cette mère de famille et de ces jeunes filles réunies et transportées là dans un même acte d'adoration. Ces douces figures, elles aussi, se suivent en se ressemblant, mais se rapprochent sans se confondre. Sur l'une, se creusent légèrement les traces qu'impriment les années ; les autres sont encore effleurées par une curiosité innocente. Toutes laissent paraître, sous la prière qui remonte de cœurs respectueux et purs à des lèvres sévèrement closes, l'insinuation douce et l'inégale dilatation d'un même sentiment divin, centre commun, âme invisible d'expressions morales qui se font écho, comme si elles naissaient l'une de l'autre.

Remontez jusqu'aux Van Eyck. Arrêtez-vous devant cet autre Baptême mystique [1] où l'Agneau sans tache figure de nouveau, mais, cette fois, comme victime et sous les apparences de l'immolation. Là encore, l'attention n'est pas entièrement absorbée par tant de figures, les unes graves, les autres respirant la plus angélique douceur, d'autres enfin marquées au coin de la plus rude ou de la plus naïve bonhomie, toutes pareillement avides de la régénération céleste dont la source sanglante les attire et les enivre d'avance ; toutes, par l'unanime ardeur qui les porte vers l'éternel rajeunissement, remettant en mémoire les paroles de bénédic-

---

[1] Eglise de saint Bavon, à Gand.

tion que la liturgie catholique prononce sur l'eau destinée à laver la souillure originelle ([1]). C'est encore la patrie terrestre que la troupe des Elus foule du pied, et le peintre a voulu que cette terre présentât, sous des formes matérielles, une autre image de concorde et d'union. L'auteur du ***Baptême du Christ*** devait lui donner de préférence l'aspect d'une forêt et d'un rivage. Ici, elle tient plutôt du jardin et du verger. Elle se pare des productions qui appartiennent à des saisons successives, à des climats incompatibles. A côté des roses printanières et des lys de l'été, s'entrelacent les grappes déjà mûries.

Avec les fruits de l'automne,
Sont les parfums du printemps,
Et la vigne se couronne
De mille festons pendants ([2]).

Le Nord et le Midi s'y touchent de près, et les arbres fruitiers que Jean Van Eyck a vus dans son pays natal étalent leurs branches non loin des pommes d'or qu'il a pu cueillir pendant son ambassade en Portugal.

Si l'on se transporte, tout de suite après, devant les compositions de Rubens où la Nature extérieure est admise, soit comme sujet principal, soit à titre de décoration secondaire, quel changement, ou plutôt quelle

---

([1]) *Ut sanctificatione conceptâ, ab immaculato divini fontis utero in novam renata creaturam progenies cœlestis emergat, et quos aut sexus in corpore aut œtas discernit in tempore, omnes in unam pariat gratiâ mater infantiam.*

([2]) Fénelon. *Ode à l'abbé de Langeron.*

révolution ! Et pourtant, en dépit de transformations si profondes, comme, avec un sens tout autre, elle y est bien à sa place et remplit fidèlement son rôle ! Comme elle est admirablement assortie avec les scènes qu'elle fait valoir, avec les personnages dont elle reflète en quelque sorte le tempérament ! Sur ce terrain restreint encore, Rubens serait le premier des peintres, si, la peinture ayant pour but de fixer ce qui passe devant nos regards, de dérober au torrent du temps quelque chose de ce qu'il emporte, le vrai moyen de se rapprocher de ce but, de le toucher, était de retenir par la prise la plus énergique et la plus prompte ce qu'il y a de plus instantané, de plus fugitif dans ce spectacle sans fin, ce qui, dans cette course sans arrêt, fait naître, conserve, prolonge le moins de retentissements du côté du passé et vers l'avenir. Il s'y montre du moins le maître *moderne* par excellence, si l'acception la plus claire, la plus légitime de ce terme, dont se couvrent complaisamment des équivoques sans nombre, doit être de désigner la prédominance toujours croissante de l'action sur la pensée, de la sensation sur la réflexion, de la réalité sur le rêve, des préoccupations positives, immédiates, de la vie présente, sur les inquiétudes et les espérances qui persistent à s'élancer au-delà. Pour lui, traduire les passions de l'homme, les instincts de la vie animale, ou la variété des formes végétales, c'est faire autant d'applications diverses d'une loi qui reste imperturbablement la même. C'est, en suivant rapidement la même ligne courte et sûre, réussir à faire éclater et jaillir au dehors, que ce soit à fleur de peau, à fleur de terre ou à fleur d'écorce, et concentrer dans une manifestation soudaine les forces vitales qui sont latentes et condensées au dedans.

Est-il question des animaux ? Quelque place qu'il leur assigne, en quelque lieu qu'il les montre, fût-ce sur les pentes du Calvaire, le bond, le cri, la ruade, le redressement d'un poil rudement rebroussé, la courbe ondoyante d'une crinière, voilà ses modes favoris d'expression. Quant à cet autre règne de la création où se mêlent tant d'éléments et de produits divers répandus à la surface du sol ou flottant dans les espaces aériens, aura-t-il à y faire son choix en vue de composer un paysage, c'est-à-dire de donner les apparences d'un tout, en le circonscrivant dans des limites arrêtées, à ce qui, dans la réalité, n'est qu'un fragment, une portion restreinte de l'étendue indéfinie, on devine d'avance où le porteront ses préférences. Interrogés par lui, ni le ciel ni la terre, assurément, ne l'inviteront à rendre ce sentiment de permanence relative qui prolonge les impressions éveillées par une toile de Ruisdael ou de Claude Lorrain, en augmente la portée comme elle en étend la durée, et, devant tel coin de terrain qui retient étroitement nos regards, ou tel lointain lumineux qui s'ouvre à notre contemplation, permet de rattacher le moment heureux saisi par le peintre à toute une journée calme et sereine ou bien couverte d'un voile mélancolique, et cette journée elle-même à la saison qui lui communique son caractère et l'imprègne de ses couleurs.

Avec autant de force pour s'emparer de notre attention par des images où rien ne fait illusion sur la mobile et incessante succession des apparences, que les autres grands paysagistes ont de secrète puissance pour nous captiver par un certain oubli de l'écoulement rapide du temps et des choses, Rubens, loin des sites d'autant plus propices à la rêverie qu'ils se resserrent plus discrètement, nous promènera, fera courir nos yeux dans des contrées librement, largement déployées, et provoquera des impressions multiples, aussi promptes à s'effacer l'une l'autre que celles du voyageur emporté avec vitesse à travers des perspectives changeantes (1). L'accident, le phénomène, dont la durée se mesure, non à l'heure, mais à la minute, la vapeur matinale que le soleil va transpercer, l'arc-en-ciel qui, entre deux ondées, brille et pâlit, la nuance délicate et fuyante, moitié rose, moitié jaune-soufre, le léger trait de flamme qui effleure les nuages, et, à peine allumé, s'éteint, la rousseur flamboyante qui répand tout-à-coup, à travers les files d'arbres, comme un afflux de sève résineuse, voilà les effets de lumière et de couleur que la Nature extérieure suggère avant tout au grand maître Anversois. Ne s'accordent-ils pas admirablement avec la gaieté courte, la brusque pétulance de ces rustres qu'un instant de bombance rend heureux comme des rois, avec la marche pressée de ces villageois qui portent leurs récoltes à la ville voisine, avec les furieux conflits qui précipitent l'un vers l'autre des combattants acharnés, avec les jeux guerriers qui mettent aux prises des cavaliers si vivants et si fantastiques à la fois qu'ils

(1) Assurément, la durée vraie, *intrinsèque*, du spectacle céleste que l'on nomme un coucher de soleil ne variera pas, parce qu'il sera représenté par Théodore Rousseau au lieu de l'être par Rubens. Mais l'exécution hâtive de l'un sera en quelque sorte complice de la rapide disparition de cet épanouissement lumineux; l'autre, par son génie d'observation patiente et passionnée, s'en constituera le juge indépendant et recueilli. Par lui, l'intensité du sentiment compensera la brièveté de l'effet saisi, et il semblera que, sous sa main, le mouvement s'arrête pour se transformer en chaleur.

font l'effet de spectres bardés de fer ? Il n'est pas besoin de sortir du Louvre, pour reconnaître ces harmonies qu'on dirait volontiers spontanées, dans des paysages tels que ceux du ***Moulin*** et de l'***Arc-en-Ciel***, de la ***Kermesse*** et du *Tournoi*.

La douceur du repos, les délices de l'ombre que nul entre tant de personnages diversement agités n'est disposé à chercher, les arbres de Rubens sont peu faits pour les offrir, ces arbres qu'il aime à disséminer au hasard plutôt que de les masser en groupes assez compactes pour former un intérieur de forêt, plutôt que de les rendre assez nobles de pose, assez majestueux de formes, pour que chacun, isolément, domine et fasse figure. Qu'on l'observe dans ses relations avec le temps ou avec l'espace, l'arbre décèle par sa structure une vitalité complexe et dédoublée en quelque sorte. Adhérent au sol où s'enfoncent ses racines, flottant par ses extrémités qui plongent dans l'air, il a un mode d'existence sourd, retiré, correspondant à la période pendant laquelle la végétation est suspendue ; il en a un autre dont, chaque année, le retour de la saison propice provoque l'expansion, ramène l'efflorescence, rouvre les sources momentanément fermées, mais non taries. Le grand paysagiste étudie, combine ces données diverses du problème qu'il aborde. Qu'il se nomme Ruisdael ou Théodore Rousseau, il le résout victorieusement, en exprimant avec force et clarté, sans trop de sacrifices mais sans excès d'analyse tout ensemble, cette solide résistance et cette flexibilité souple, en motivant suffisamment les attaches mystérieuses qui les unissent, les transitions déliées par où elles se communiquent et se perdent l'une dans l'autre, depuis le nœud le plus rugueux de l'écorce jusqu'au mince rameau dont le feuillage léger tremble au moindre souffle. Ce n'est pas un équilibre de ce genre que Rubens songe à rendre. Ses arbres n'en sont pas moins vivants, mais d'une vie où le tempérament déborde, au préjudice de l'élégance et de l'harmonie. Depuis la racine d'où s'élance leur tronc moins robuste qu'engorgé, jusqu'à leur cime ondoyante plutôt que touffue, une sorte d'épanchement des éléments fluides et des sucs nourriciers se trahit (sauf de rares exceptions. telle que le *Paysage* du palais Pitti à Florence), au travers de ramures mollement espacées, dont les bifurcations les plus anguleuses ont quelque chose d'énervé et d'obtus. Au lieu de la rude armure formée par le tissu ligneux, on croirait voir, découverts et mis à nu, les canaux fistuleux que remplit la substance médullaire, tant la touche grasse et coulante du peintre excelle à faire triompher, jusque dans les manifestations de la vie végétative, ce qu'on pourrait appeler ses préférences organiques et ses principes physiologiques !

Redisons-le, au terme de l'excursion qui nous a trop longuement séduits, Crayer doit rester en dehors des recherches qui se rapportent aux consonnances, tantôt claires et saisissantes, tantôt voilées, parfois un peu subtiles, que l'Art qu'il honora proclame ou laisse deviner entre la figure humaine et la Nature. Cette corde ne vibre pas chez lui ; cet élément d'harmonie manque à des œuvres assez harmonieuses du reste, pour qu'un écrivain distingué, un critique de premier ordre n'ait pu mieux faire, afin d'en dégager l'accent et d'en marquer le vrai ton, que de les mettre en regard des compositions musicales d'un Mendelssohn. Faut-il le dire? Quand il a risqué un tel rapprochement, M. Emile Montégut, qui, par un singulier privilége, unit à l'imagination la plus riche la plus fine sagacité, semble avoir accordé à l'imagination plus qu'il ne demandait à la sagacité. Serait-ce assez, en effet, pour justifier un parallèle entre l'excellent peintre et l'illustre compositeur, que de mesurer la place obtenue et constamment gardée dans les prédilections de l'un et de l'autre, par ces inspirations domestiques qui sont en même temps le foyer des douces et intimes tendresses, que de faire ressortir, chez tous deux, une tendance plus ou moins accusée à se tenir un peu en arrière des exemples contemporains et à remonter le courant, tendance qui imprime parfois à la musique sacrée de Mendelssohn un caractère volontiers archaïque? Nous ne le croyons pas. La nature morale du maître Allemand, telle que la révèlent des ouvrages trop peu nombreux, apparaît bien autrement complexe et partagée que celle du peintre Anversois. Les sources d'inspiration où puisa tour à tour cet aimable génie qui doit autant à la vivacité du sentiment qu'à la science, furent plus variées et moins prochaines. Il a connu, lui, les cieux étrangers. L'Italie, avec la majesté de ses ruines et de ses souvenirs, avec la douceur sereine et lumineuse de son atmosphère, a part dans ses mélodies, alternativement austères et fantasques. Il se laisse pénétrer par les grandes influences littéraires aussi aisément que par les vives impressions des beautés naturelles. De même qu'il a passé de Berlin à Rome, de Rome en Suisse, de la Suisse à Paris, il s'est rapproché de Racine et de Shakespeare, il est entré en communication avec Sophocle et Gœthe, et la société des grands écrivains ne lui a pas moins profité que la fréquentation des beaux lieux. De là, tant d'élans lyriques et tant de recherches pittoresques, tant de rhythmes capricieux favorisant des entrelacements où la complication ne nuit pas à la clarté, tant de pages où le mouvement, la vive et pétillante ardeur, le disputent à la couleur et l'emportent plus d'une fois sur elle.

Non, la physionomie de Crayer n'a pas cette mobilité, cet imprévu, ces capricieux traits de flamme, et, pour désigner, dans une autre sphère de l'Art, un *pendant* qui lui convînt, c'est plus près encore du sanctuaire qu'il faudrait chercher. S'il est une lyre à placer en regard de la palette dont il se servit à peu près comme on se sert d'un instrument sacré, elle sera restée, de son côté, suspendue dans le lieu saint, loin des souffles profanes, ou bien à peine effleurée par eux. Et si l'on veut absolument que cette lyre porte un nom, ce sera, par exemple, le nom trop oublié en France de Le Sueur. Ce pourrait être encore, entre bien d'autres, le nom presque inconnu parmi nous du frère de l'auteur de la *Création*, Michel Haydn, que le rayonnement d'une gloire si voisine a en quelque sorte absorbé jusqu'à le faire disparaître. Un tel rapprochement, du moins, serait motivé par la pieuse et persistante fidélité à une tâche à peu près exclusive, et laquelle? Traduire dans un langage plus sonore, revêtir d'expressions plus flexibles, les paroles invariables dont la répétition accompagne les vœux et les sacrifices portés à l'Autel ; insinuer dans ce texte rigide une vie et une chaleur qui rendent compatible un surcroît d'animation émue avec la tranquille majesté de la prière.

II.

BERNARDINO LUINI

Sans parler des erreurs de détail qu'une critique de mieux en mieux informée se fait un devoir de corriger dans l'histoire des peintres italiens de Vasari, il est arrivé à l'auteur de cette histoire, soit négligence, soit partialité, d'y laisser des lacunes assez graves pour frustrer de leur juste part de célébrité quelques-uns des représentants de la grande renaissance des arts, à prendre ce mot dans son acception la plus large et la plus vraie. Entre les réhabilitations destinées à relever des artistes remarquables de l'oubli auquel ils se trouvaient ainsi condamnés ou exposés, s'il en est une particulièrement légitime, on ajouterait volontiers nécessaire, c'est bien celle qui a pour objet de remettre en pleine lumière le nom et le talent supérieur de Bernardino Luini. Des mains habiles l'ont commencée, et l'auteur des pages qui suivent s'est proposé de l'appuyer par quelques pièces justificatives de plus. Luini ne semble pas, il est vrai, avoir été choisi par Léonard de Vinci comme un disciple chéri entre tous; mais, à force de se pénétrer de son esprit, il est devenu assurément son confident le plus intime, le plus digne de rendre visibles ses pensées et de donner corps à ses rêves. Aussi, dans le groupe des élèves du glorieux maître, tel que la postérité se le figure et le recompose, nul ne mérite de l'approcher de si près et de lui rester plus inséparablement uni.

Suivre, à travers les défilés et les pentes où elle se déroule, la grande voie qui, par le Saint-Gothard et la vallée du Tessin, ouvre l'accès de l'Italie, c'est un long et continuel enchantement. Le charme est complet, si la beauté de la saison et l'éclat d'un ciel sans nuage favorisent cette dernière journée de voyage commencée de bonne heure, avant l'aube. Airolo et ses cascades élégamment arquées se laissent rapidement entrevoir au milieu de sombres bois de sapins. Faido disparaît à son tour, avec ses fabriques, ses moulins, bâtisses inégales et grossières, adossées au rocher, battues par les eaux détournées du torrent qui s'élancent bruyamment pour reprendre leur cours naturel, site qui aurait plu à Salvator Rosa et fourni à Titien le sujet de l'un de ses dessins largement accidentés. Le jour qui grandit rend de plus en plus distincts, ici, les châtaigniers robustes dont les racines noueuses étreignent les rocs qui leur servent de piédestal, là, les pampres légèrement inclinés sur les piliers de bois ou de granit qui les supportent. Les nappes vertes de la vigne, s'étendant en forme de toiture au-dessus des terres cultivées, se laissent pénétrer les premières par les ardeurs du soleil, dont quelque rayon brisé glisse et fait couler au-dessous d'elle, par de rares interstices, sa goutte de lumière.

Avec l'aurore commencent les luttes des clartés et des ombres, si frappantes, si capricieuses, dans les vallées subalpines. Il n'en est plus comme des pays de plaines où, du fond de l'horizon, l'aube s'avance, s'élève, et, par des gradations successives, il est vrai, mais communes, quant au degré d'intensité, à toute l'étendue visible, ménage insensiblement le passage de la nuit au jour. Rien de semblable à cette diffusion, à cette marche égale de la lumière qui peu à peu dissipe et met en fuite devant elle les masses ténébreuses. La lumière et l'obscurité se touchent de près et se mêlent en maints endroits. Au lieu d'une invasion et d'une retraite accomplies avec des progrès réguliers, c'est, entre elles, une série de rencontres partielles, de péripéties variables, de combats singuliers. Les ombres profitent de tous les avantages des lieux. Chassées des sommets, délogées des hautes positions qu'elles occupaient par des traits dardés presque perpendiculairement, elles se réfugient sous les corniches, sous les ressauts formés par les monts, et, à mesure qu'elles perdent du terrain et se réduisent, l'on dirait qu'elles se resserrent et s'épaississent pour accroître l'énergie de la résistance. Quelques rayons enfin, perçant au plus bas, viennent raser le courant pacifié du Tessin, y jettent d'abord des teintes d'ambre qui l'effleurent légèrement, avant de s'y étendre à l'aise. Bientôt, les lignes des terrains, le lit des eaux, les horizons aériens, tout s'élargit, tout gagne en espace ; tout, même les parties du paysage les plus sévères et les plus heurtées, s'accorde pour former des harmonies nouvelles. Energiques et majestueux repoussoirs, les montagnes reculent, mais, en reculant, laissent encore leurs reflets adoucis trembler sur le miroir des lacs. Quelque fontaine de village portant une image d'animal rudement sculptée, tout au bord de la route quelque monument de pierre ayant l'air d'un tombeau, annoncent la patrie de l'auteur des Eglogues [1], la terre adoptive du peintre des ***Bergers d'Arcadie***. Puis, tout auprès, un rustique oratoire ouvre sa niche ornée d'une *Salutation angélique* peinte à fresque, à côté de l'ossuaire où se dresse une pile de débris funèbres, comme pour tempérer par la lueur idéale des divines promesses l'éclat du grand jour qui met à nu l'implacable réalité. Cette fresque, c'est le prologue populaire du divin. de l'interminable poëme où tant de mains d'artistes vinrent, tour à tour, ajouter un si grand nombre de chants, introduire tant de variantes, et dont plus d'une strophe gracieuse ou puissante apparaîtra, tout-à-l'heure, sur les murs des églises de la charmante ville suisse de Lugano et de la cité italienne de Côme.

Celui qui les traça occupe, sans contestation, le pre-

---

[1] .... *Sepulcrum*
Incipit adparere Bianoris......
(Virgile, *Eglog. IX.*)

mier rang parmi les disciples de Léonard, et l'on serait parfois tenté de le prendre pour un émule de Raphaël. La séduction qu'il exerce n'a rien d'impérieux. Elle tient au charme durable de ce qui, sans effet recherché, sans prestige trompeur, attend qu'on le pénètre et mérite qu'on y revienne; c'est comme une de ces familiarités destinées à donner plus qu'elles ne semblaient promettre d'abord sous un voile d'apparente froideur et qui, ce voile une fois écarté, retiennent par des liens trop forts pour être jamais relâchés. Déjà, les compositions placées dans le *Duomo* de Côme, la Vierge, et, plus encore, la grande Mise en croix de Lugano ([1]) annoncent ce qu'expriment, à leur tour, avec une telle clarté les exquis chefs-d'œuvre de Saronno, la Mise au tombeau de l'église *San Giorgio in Palazzo* de Milan, et tant d'autres ouvrages dispersés dans les galeries publiques de l'Italie, de l'Allemagne et de la France, c'est-à-dire le sentiment d'une certaine beauté fine et délicate entre toutes, qui, jusque dans les sujets où dominent la pitié, la douleur profonde, a le pouvoir d'absorber, en les ramenant à soi, ou de modérer, en s'y mêlant, la violence et l'horreur des émotions extrêmes; la préférence donnée au charme qui apaise en s'insinuant sur l'énergie passionnée qui saisit et remue : pour tout dire, quelque chose de la pure sérénité de l'art antique, venant tempérer sans les exclure, alléger sans les dissiper, les

---

([1]) Pour cette partie de l'œuvre de Luini, rien de mieux que de s'en référer aux impressions vives et justes de l'habile écrivain qu'on est accoutumé à voir mettre une parole si ingénieuse au service d'un goût si pur et d'un esprit de critique irréprochable. (V. *Paris à Venise*, par M. Ch. Blanc.)

inquiétudes et les tristesses de la pensée chrétienne.

Quand les tableaux de Lesueur qui avaient orné primitivement l'ancienne Chartreuse de Paris, étaient encore juxtaposés vers l'extrémité de la grande galerie du Louvre, le spectateur qui avait effleuré du regard bien d'autres chefs-d'œuvre, trouvait un plaisir calme, un plaisir que l'habitude ne pouvait complétement émousser, à s'arrêter du côté opposé de la salle pour embrasser d'un coup d'œil la série entière de la *Vie de saint Bruno*. L'éclat discret de ces teintes un peu uniformes qui, ne s'écartant guères du blanc et d'un bleu franc, semblent reproduire les couleurs d'un ciel pur que de beaux nuages parcourent sans le troubler, lui faisait pressentir une de ces paisibles régions de l'Art qui, loin des inégalités saisissantes, à l'abri des accidents imprévus, invitent le regard, arrêtent la pensée pour la conduire au loin avec douceur. Avant d'y pénétrer, il devinait et désignait d'avance les endroits les plus favorisés, les haltes favorites ; puis, à la suite de ces rencontres, d'autres rencontres non préméditées s'offraient encore pour disputer la préférence et rendre le choix difficile. Les deux galeries, inégales entre elles, du Musée Bréra, où se trouvent réunies un assez grand nombre de compositions et de fragments qui appartiennent certainement à Luini ou que leur style autorise à lui attribuer, font naître des impressions analogues et ménagent des jouissances du même ordre. C'est bien là, aussi, dans le même sens et à meilleur titre encore, un lieu de rafraîchissement et de paix. Rapprochées, sinon par la mutuelle dépendance qui rattache entre eux des sujets formant autant d'épisodes successifs d'une même histoire, du moins par la ressemblance des inspirations et par des qualités d'exécution qui admettent peu de changements, ces figures, non sans pâleur mais sans maigreur et sans sécheresse, ne portent plus trace de l'ascétisme qui exténue les formes; elles éveillent plutôt, si on peut le dire, l'idée de ces tempéraments délicats qui ne se trahissent pas tant par l'atténuation des forces que par le moindre éclat du teint. Une courte digression servira peut-être à mieux préciser la nuance juste du genre d'attrait qui leur est propre.

Si l'on se remet en mémoire, d'une part, la suite des récits dont se composent l'Ancien et le Nouveau Testament, de l'autre, les motifs qu'en Italie, vers le temps de Luini, la peinture revendiquait comme siens avec une prédilection marquée, on constate bien vite une disproportion frappante entre la quantité de sujets religieux qu'il pouvait aller prendre à ces hautes origines, et le nombre de ceux qu'il a spécialement adoptés. (Nous ne parlons pas ici des entreprises exceptionnelles de la nature de celle que Gozzoli put mener à bonne fin, dans le Campo-Santo de Pise, et qui imposaient au peintre l'obligation de suivre exactement la série des histoires saintes, tout comme avaient pu le faire, pour des œuvres de moindres proportions, le verrier, le mosaïste, le sculpteur.) A côté de bien des parties de ces traditions sacrées qu'il laisse dans un état de stérilité absolu ou relatif, l'Art de peindre en fréquente quelques autres avec un empressement presque exclusif; il y revient avec complaisance et, plutôt que de s'aventurer hors du cercle tracé d'avance, il aimera mieux, s'il le faut, dédoubler tel épisode fourni par l'Evangile ou la légende et en tirer deux images pour une [1]. Ce sont comme autant de dates solennelles et fixes qu'il se charge de célébrer à sa façon par l'incessant et régulier renouvellement des fêtes qu'il donne aux regards. Telles ces représentations, toujours les mêmes, qu'au retour des deux anniversaires de Noël et de Pâques, un art dramatique qui devait sa popularité à la mise en action des récits évangéliques, multipliait à l'entrée ou dans l'intérieur des temples chrétiens. Pour s'en tenir au frontispice et à la première page de l'Evangile, la ***Salutation angélique***, l'***Adoration des Mages*** ou l'***Adoration des Bergers***, voilà des textes que les interprétations, si nombreuses qu'elles soient, n'épuisent pas plus qu'on n'épuise une source pure et intarissable. Là, la simplicité d'une action bornée à deux personnages exclut toute complication, répugne à toute amplification qui diminuerait ce qu'elle a de si clair et de si explicite, qui porterait atteinte à ce qu'elle dérobe de si mystérieux [2]. Ici, tout

---

(1) Ce *dédoublement* semble particulièrement familier à l'ancienne Ecole Siennoise. On le voit appliqué, dans les fresques de l'abside de la cathédrale d'Orvieto, à des sujets tels que *Jésus parmi les Docteurs*, la *Mort de la Vierge*, etc.

(2) Pourtant une certaine *surcharge* a réussi à y faire sa part, même avant les basses époques de l'Art. La peinture, non moins que la sculpture (témoin, entre autres, la composition de Giovanni Santi, le père de Raphaël, qui est conservée au Musée Bréra), avait mis volontiers une sorte de réserve pudique et de raffinement délicat à ménager de l'espace entre Marie et l'Ange, comme pour rendre moins immédiates l'approche de ce visiteur, tout céleste qu'il est, et l'impression de ses paroles. Par une sorte de licence pittoresque bien opposée à ce scrupule, un cortége d'anges est venu introduire un surcroît d'animation intempestif dans le tableau attribué à Luini

au contraire, la tentation est grande d'étendre et de remplir capricieusement la circonférence dont un groupe immobile occupe le point central, d'y introduire, d'y faire aboutir de loin, par toutes sortes d'échappées ou de *tangentes*, les épisodes, les incidents, les perspectives les plus arbitrairement caractérisées, sinon les plus contradictoires, tant l'invention et l'habileté descriptive y trouvent admirablement leur compte! Aussi, quel interminable cortége on formerait avec la multitude de personnages orientaux si richement équipés que Gozzoli, dans la chapelle du palais Riccardi, a fait défiler avec leur appareil de guerre et de chasse : ***Principes gentium, qui dominantur super bestias quæ sunt super terram; qui in avibus cœli ludunt; qui argentum thesaurizant et aurum***, etc. [1], avec les élégants cavaliers de Pinturicchio, avec le groupe leste et animé qui, sous le pinceau d'André del Sarto [2], se hâte en montrant une ardeur si allègre et si juvénile! Quels travestissements brillants et singuliers! Quels paysages de haute fantaisie que ceux où Domenico Ghirlandajo mêle les chemins tournant le long des corniches rocheuses, les monuments en ruines, les cités insulaires qui font, à l'arrière-plan, l'effet d'une Tyr ou d'une Venise, et place, à côté de la crèche, un sarcophage et un arc de triomphe portant le nom de Pompée, vainqueur de la Judée! Quelle faune, enfin, l'on composerait en réunissant tous ces animaux domestiques ou sauvages, et parfois si étrangement exo-

---

qui appartient au même Musée. De nos jours, il est arrivé à Eugène Delacroix de prendre le même genre de liberté.

[1] Baruch, chap. 3.

[2] Portique de la *Nunziata* à Florence.

tiques, qui transportent l'imagination, des véneries du moyen-âge, jusqu'aux régions reculées du lointain Orient ! Gardons-nous d'oublier, à la suite de tant de brillantes cavalcades, la page que la main de Léonard laissa voilée d'une ombre crépusculaire [1], mais où des lignes et des formes déjà éloquentes font pressentir, entre cet excès de bigarrure et de tumulte, d'une part et, de l'autre, la simplicité sans mélange dont témoigne, par exemple, la fresque de Luini récemment acquise par le Musée du Louvre, une interprétation moyenne, neuve, rajeunissant par la libre variété des détails et par l'harmonie concentrée de l'ensemble ce thème privilégié, qui se prête aux développements extérieurs, *excentriques*, autant que celui de la Cène se refuse à tout ce qui n'est pas la manifestation d'émotions morales jaillissant avec une soudaine spontanéité.

Si l'on passe brusquement à l'autre extrémité des récits évangéliques, est-il besoin d'insister sur le nombre et la variété des œuvres qui se rapportent aux scènes suprêmes de la Passion ? Mais, dans l'entre-deux, combien les commentaires donnés par le pinceau paraissent clairsemés ! A la suite de tant de *Sposalizii* et de Crucifiements, qu'il est aisé à faire le compte des traductions pittoresques du *Sermon sur la Montagne*, de la *Guérison de l'Aveugle* ou du *Lépreux*, de la *Pêche miraculeuse !*

Vis-à-vis de l'Ancien Testament, l'Art religieux ne

---

[1] Musée des Uffizii, à Florence. Une petite esquisse à l'encre de Chine, conservée dans la même collection sous le nom de Fra Bartolommeo, annonce ou reproduit, surtout dans les fonds, quelques-uns des traits accessoires de l'œuvre inachevée de Léonard.

se comporte guères autrement. Il n'est pas sans se laisser tenter, à l'occasion, par Adam et Eve, attendrir par le jeune Isaac, entraîner par Judith sous la tente d'Holopherne ; mais qu'a-t-il fait de Josué, de Gédéon? mais, depuis les fresques Giottesques que l'on peut encore distinguer au fond d'une chapelle de l'*Incoronata*, à Naples, jusqu'au moment où Salvi Borghesini fit appel aux talents réunis d'André del Sarto, du Bacchiacca et de Pontormo, c'est-à-dire, pendant un siècle et demi à peu près, quelle inspiration doit-il à la touchante histoire de Joseph ? Antérieurement au tableau de Luini qui fait partie de la collection Poldi Pezzoli à Milan, et au beau dessin de la même composition conservé à la Bibliothèque Ambroisienne, saint Raphaël conduisant son jeune protégé jusqu'aux pieds de la Vierge avait pu, de temps en temps, se laisser apercevoir, mais la famille entière de Tobie, unie dans un sentiment de pieuse reconnaissance, où la trouver ?

Vraiment, cette habitude invétérée de se répéter et de se restreindre à la fois au milieu d'une telle abondance de sujets, fait penser à l'empressement mêlé de négligence avec lequel l'œil de l'enfant se porte du commencement à la fin d'un volume à peine ouvert et rapidement feuilleté, s'arrête à quelque bel endroit, se reporte au passage favori qui l'a séduit, avec une curiosité assidue qui effleure ou néglige tout le reste. En usaient-ils différemment avec la Bible, les naïfs artistes qui, surchargeant de belles et grandes images certains chapitres préférés, ne tentaient qu'à de longs intervalles quelque prise de possession des parties intermédiaires, alors que l'Art s'était assuré déjà plus d'une conquête définitive dans les légendes des saints et les annales des martyrs [1]?

Un tel rapprochement, tenté d'une manière générale entre les motifs offerts à l'art religieux qui florissait autour de Luini et les prédilections qu'il fit voir, mène à des conclusions qu'il est difficile d'infirmer. Aller plus loin et vouloir déterminer à quelles périodes, à quelles divisions caractéristiques des légendes sacrées correspondrait le mieux, par une sorte de conformité innée et mystérieuse, le génie particulier de tel ou tel d'entre les maîtres qui se sont appliqués à en faire leur profit, c'est essayer une voie plus détournée, moins sûre, et donner plus de prises à l'arbitraire et au conjectural.

---

[1] L'architecture chrétienne n'a-t-elle pas, elle aussi, et principalement en Italie, obéi à des tendances analogues, lorsque, dédiant en tant de lieux des églises à la Mère du Christ, elle a placé de préférence à leur frontispice les noms de l'*Annunziata* et de l'*Incoronata*, termes par où se marquaient le commencement et la fin de cette consécration d'une vie terrestre par un privilége divin incommunicable !

Si l'on étendait la même observation jusqu'à l'Art du graveur, on pourrait, hors de l'Italie, en Allemagne, en Hollande, la justifier par plus d'un exemple. Est-ce que les eaux-fortes de Rembrandt qui ont un caractère religieux, ne présentent pas mêmes lacunes, mêmes prédilections systématiques, et, si on peut le dire, même distribution inégale d'ombre et de lumière dans le choix des sujets? Certes, ni la Samaritaine, ni Lazare, ni l'Enfant prodigue, ne sont absents. Mais que de répétitions tenant à un désir de se surpasser, de raffiner sur une première interprétation, à un besoin de dire son dernier mot, lorsqu'il s'agit de la *Fuite en Egypte* ou de la *Mise au Tombeau!* Quelle attention minutieuse à suivre pas à pas la vie commençante de Jésus, à en égaler presque toutes les circonstances par le nombre aussi bien que par les proportions réduites et la forme rapetissée des images gravées qui les accompagnent!

Avec quelques-uns, il est vrai, la fixation de cette sorte de chronologie morale comporte peu d'incertitude. Il est clair que, s'approcher de Moïse, des prophètes, révéler en quelque sorte à son tour ces grands révélateurs de Dieu et les faire revivre de leur puissante vie, c'est la vraie place, la fonction suprême de Michel-Ange. Raphaël, au sortir de ses plus solennels chefs-d'œuvre, se retourne vers la Madone et le Bambino, retrempe, adoucit son génie dans cette contemplation familière à laquelle d'autres avant lui, tout près de lui, Botticelli, Francia, Giovanni Bellini, reviennent volontiers, eux aussi, avec des intentions diverses, après avoir cherché ou subi ailleurs les occasions et les motifs qui s'offrirent de l'interrompre. Luini serait-il du nombre de ceux dont les œuvres permettent de dégager sans des efforts trop téméraires d'aussi délicates affinités? On ne saurait du moins s'empêcher de remarquer l'insistance qui, tant de fois et en tant d'endroits (à *San Maurizio*, à *San Giorgio in Palazzo* (1), à Lugano (2)), le ramène, l'arrête au pied du Calvaire, l'enferme dans le même cycle de stations douloureuses. Veut-on faire encore un pas et, devant des créations d'un autre ordre, en consulter la secrète tendance plutôt que l'objet réel, l'esprit plutôt que le texte, afin de se hasarder à leur assigner une valeur de relation, une date idéale? La ferveur innocente de ceux qui accourent les premiers vers Jésus naissant, la foi méritoire de ceux qui, en face du Sau-

---

(1) Milan.

(2) V. aussi dans les collections Borromeo et Poldi, à Milan, des compositions consacrées au même sujet et présentant les mêmes caractères.

veur crucifié, se donnent tout à coup ou persistent à se donner pour jamais cette *primavera* de la croyance et de l'amour divin allant des premières conversions aux premiers martyres qui la font mourir en fleur, voilà, dirait-on, la pure atmosphère morale où s'épanouissent bien des gracieuses figures échappées de sa main, la saison sacrée où se place leur venue au jour. Ce type d'inaltérable candeur paraît et reparaît chez elles, aussi constant que peuvent l'être les types opposés de tendresse presque féminine et de majesté presque rude, imprimés par Masaccio sur les figures de St Jean et de St Pierre dans la chapelle des Brancacci. Il se retrouve, il est bien reconnaissable au musée Bréra, ici, dans cette jeune femme vêtue de blanc qui se présente devant un vieillard ; là, tout auprès, dans cette autre figure féminine qui, sur le devant d'un terrain aride et sans verdure, marche la main dans la main d'un homme jeune comme elle, et promène avec lui, à pas également ralentis, de pieuses rêveries et des pensées profondes. Aussi bien, pour ne pas dire mieux encore que Marie accompagnant Joseph, on verrait volontiers en elle quelqu'une des néophytes chrétiennes, des âmes *primitivæ in Christo*, conquises à Corinthe, à Athènes, par la parole de l'Apôtre, et dont la tradition religieuse a conservé seulement un nom vague et comme un profil perdu.

Des écrits des Apôtres aux légendes des Saints, il n'y a pas loin ; il y a tout juste la distance qui sépare le don libre et sans réserve de l'âme et le sacrifice volontaire du corps. Suivre Luini du musée Bréra au couvent de *San Maurizio* (Monasterio Maggiore), où il exécuta des travaux importants pour la famille des Bentivoglio, c'est passer des prémices de la foi nouvelle aux prémices virginales du martyre. Dans la dernière chapelle latérale de droite, aux deux côtés du Christ détaché de la colonne, Luini a représenté, près de St Laurent, Ste Catherine qui, pâle sous le disque d'un nimbe sans éclat, désigne à Jésus un vieillard agenouillé. A la différence du saint qui est tout proche, elle a repris la vie sans reprendre la couleur de la vie, sans retrouver une goutte de son sang répandu tout entier. Doit-on le reprocher au peintre ou faut-il accuser le temps, ce collaborateur imprévu du peintre, tantôt lent et discret, tantôt capricieux, jaloux et rapidement destructeur, d'avoir répandu sur ses traits

.... *Questo supremo*
Scolorar del sembiante [1],

comme pour ramener à sa pure essence immatérielle le charme singulier d'une beauté où se fixa le reflet de quelque vision fortunée? En retour, sur les deux parois latérales, c'est la même sainte encore, mais avant le triomphe, au milieu du dernier combat; ici, à demi couchée sur la terre, opposant le calme de son attitude au mouvement des bourreaux, aux apprêts de supplice qui continuent vaguement en arrière; l'on dirait un blessé qui se soulève au milieu d'un champ de carnage, mais avec une placidité sans gémissements, sans atteintes apparentes, sans efforts comme sans défi. Vis-à vis, l'exécuteur va frapper de son épée nue la jeune martyre, qui n'appelle, ni ne redoute, ni ne brave la

---

[1] Leopardi. *Poésie.*

mort. Mais elle abandonne sa tête, dont la nuque flexible s'incline sous la couronne d'or de sa chevelure, ses bras mollement relâchés, tout son corps détendu et prosterné plutôt qu'affaissé. La tradition veut que le peintre, par un de ces caprices familiers à la Renaissance italienne, ait emprunté pour cette partie de sa composition l'image de l'une des grandes dames de son temps et de son pays, les plus tristement célèbres par la dépravation de leurs mœurs, c'est-à-dire un modèle digne, en tous points, de poser bien plutôt pour une Hérodiade. Quoi qu'il en soit, là, comme toujours,

.... Sa grâce est la plus forte ;

elle efface, elle absorbe ce qu'il peut y avoir de sinistre et de vénéneux dans la fleur délicate que va trancher la faux du terrible moissonneur :

..... Flores martyrum.....
Quos sævus ensis messuit,
Ceu turbo nascentes rosas.

Le bourreau, dont le coup va descendre avec la rapidité de l'éclair, rend la comparaison plus naturelle encore, tant le mouvement énergique par lequel son bras gauche est ramené en écharpe le long de sa poitrine vers le bras droit armé du glaive, comme pour en doubler la vigueur et l'élan, ressemble à l'impulsion demi-circulaire imprimée par le faucheur à la partie supérieure de son corps, pour se communiquer à l'instrument qu'il manie et rester visible dans l'échancrure qu'il va tracer.

Par cette sorte d'intuition qui va droit au mot juste

et s'y arrête, Luini a, pour cette fois, saisi et représenté, dans toute sa brutale vérité, un acte de violence. Mais, en général, toute exhibition de ce genre lui répugne autant que toute douceur lui agrée, et, s'il faut absolument faire quelques concessions dans ce sens, il s'efforce encore de biaiser et de prendre à côté, témoin cet épisode des soldats jouant aux dés le vêtement du Christ, qu'il a reproduit deux fois, dans l'église de *San Giorgio in Palazzo,* à Milan, et dans sa fresque de Lugano : là, avec une expression si profondément adoucie; ici, chargeant une seule de ses figures de mettre en scène l'inintelligence féroce; témoin encore une grande composition qui appartient à la Bibliothèque Ambroisienne.

Dans un de ses Sermons, Bossuet fait deux parts de tout ce que la Passion du Christ manifeste d'odieux et de repoussant. Si c'est le triomphe de la fureur, c'est également celui de l'ironie, et chacune y éclate avec des effets distincts. Il semble que ce même partage, présent à la pensée de Luini, lui ait permis, dans son *Christ insulté,* de ne se faire violence qu'à demi. Ecartant la fureur, il n'a conservé que l'ironie, c'est-à-dire la haine au repos, quoique non désarmée et se dérobant à peine derrière un masque plaisant et sous la grimace d'une gaieté malfaisante. Il l'a laissée aussi vulgaire qu'il l'a pu, mais loin encore d'être assez vile pour échapper aux conditions véritables de l'Art. Ainsi rendue, elle forme un contraste parfaitement acceptable avec la tête du Christ, empreinte de ce caractère de majesté voilée, de noblesse divinement humiliée que Léonard seul trouva et qui demeura l'une des parts les plus précieuses de son glorieux héritage.

Autour de Luini, on n'en resta pas à ces demi-concessions. L'auteur de la *Cène* avait traité les difformités physiques plutôt comme un moyen que comme un but ; il y avait cherché un sujet d'étude à consulter plutôt qu'un résultat à fixer ; il avait pu les effleurer ou les creuser avec une curiosité plus ou moins patiente ; mais, s'il leur prêta son crayon, il leur refusa son pinceau et les honneurs de ses œuvres définitives. Après lui, ou même à côté de lui, on ne marchanda pas au laid et à l'ignoble la part qui leur revenait naturellement dans ces dernières scènes de la Passion reproduites avec une sorte d'émulation infatigable. Il suffit de citer les nains que Ferrari aime à opposer à ces fastueux cavaliers dont la stature est rehaussée encore par leurs turbans et leurs aigrettes à triple ou quadruple panache; les bouffons et les goîtreux que Lanini se plaît à étaler au premier plan ; ou bien encore cette sorte d'avorton baroque, au front bizarrement coupé en angle obtus, qu'un peintre peu connu, Arbasia de Saluzzo, s'est amusé à placer devant un Christ couronné d'épines dont la face livide, exsangue, a quelque chose de navrant et de solennel (1).

(1) Ce tableau se trouve dans la collection *Albertina*, à Turin, et l'on peut voir dans le Musée de la même ville un *Christ portant sa Croix* attribué à Marco d'Oggione et qui pourrait bien être aussi une œuvre d'Arbasia. Il serait intéressant de comparer à l'un et à l'autre une figure de Christ, attribuée à Borgognone, et qui leur est incontestablement supérieure. Elle a été couverte d'un vitrage et reportée sur la muraille de la première chapelle, à droite, de l'église St-Ambroise à Milan. Rien de forcé et de convulsif n'en exagère la douloureuse expression. Point de larmes sur les joues ; mais, dans les yeux gonflés et presque éteints, une source de pleurs qui ne coulent point et refluent au dedans ; sur tout le visage, la compres-

Ce même tempérament moral, qui exclut volontiers tout ce qui est atroce et repoussant, fait comprendre

---

sion d'une souffrance élevée et retenue bien au-dessus des témoignages matériels. Quel contraste avec tant de détails extérieurs que sauve parfois la naïveté de l'intention, mais qui relèvent d'un goût si inférieur, tels que les linges blancs ou d'un rouge sanglant qui enveloppent la tète et la partie supérieure du corps de Jésus, dans telle peinture du Crucifiement qui décore l'église St-Antoine de Padoue, ou le bandeau transparent mis sur ses yeux par quelques peintres mystiques du XVe siècle; tout cela, pour qu'il tienne davantage du prisonnier, du blessé, du condamné à mort! Ici, la corde passée autour du cou et qui remet en idée le mot si familier de Bossuet appelant le Sauveur : *ce pendu*, n'est qu'un trait accessoire par lequel le peintre n'a prétendu rien ajouter à l'intensité d'une expression toute morale. Non moins touchante est une petite fresque, conservée dans l'église *San Bernardino* à Verceil, qui montre Jésus assistant aux apprêts de la Passion, ou mieux encore, et pour plus de précision, à l'*outillage* de la Croix dont s'occupent deux ou trois vulgaires charpentiers. Le type consacré par l'auteur du *Cénacle* y a laissé une empreinte très-visible et saisissante encore bien qu'amoindrie. Cette fresque est l'œuvre de Bernardino Lanini, le meilleur élève de Gaudenzio Ferrari, qui, se trouvant ainsi placé à la deuxième génération, par rapport au Vinci, prolongea son existence jusqu'à la dernière partie du XVIe siècle. Un assez grand nombre de ses ouvrages ont été réunis dans les collections de Turin (Musée et Galerie Albertina). D'autres sont disséminés à Verceil, son lieu de naissance, et dans quelques localités moins importantes que cachent les replis du Val Sesia. A Verceil, l'on peut voir, à la voûte d'une salle basse de l'ancienne *Casa Mariano* et aux retombées qui en dépendent, un Olympe où l'on distingue encore une délicieuse figure de Cérès à la blonde chevelure, des Muses pleines de grâce, et des Amours presque dignes du Corrége. Ailleurs, Lanini a repris, en l'adoucissant et en le rajeunissant, un type de Vierge aux contours arrondis et mignons qui n'avait pas été étranger à Ferrari (Fresques de *San Cristoforo* à Verceil) et dont l'*Assomption* de notre Prud'hon donnerait assez bien l'idée.

que Luini ait plus d'une fois adouci, en l'affaiblissant, ce que son maître aurait fait saillir en traits plus caractéristiques. Alors ses œuvres, suivant que la pensée et l'exécution s'y montrent accentuées ou trahissent quelque relâchement, suggèrent des noms illustres autres que celui de Léonard. On songe involontairement à Ary Scheffer devant telles scènes de la Passion reproduites dans le chœur des religieuses de San Maurizio (*Monasterio Maggiore*) ; à Lesueur, dans le même lieu encore, en face de certain *Noli me tangere*, malheureusement trop envahi par l'ombre. Quant aux figures de martyres espacées le long des murailles du même édifice, si l'analogie des sujets rappelle Zurbaran, c'est, pour tout le reste, à titre de complète antithèse. Il y a loin, en effet, de ces héroïnes au visage décoloré, mais non flétri par le supplice, se relevant de la mort comme on relève de maladie, à la brillante élite de guerrières et de princesses célestes si fièrement équipées avec leurs habits de combat et de cour, qui, sous le pinceau du peintre espagnol, reviennent intactes et pleines de vie de leur rencontre, au fond du tombeau, avec l'insatiable vampire. Luini s'inspire-t-il du *Cénacle* en y introduisant quelques variantes [1], rien de mieux réussi

---

[1] Eglise Ste-Marie des Anges à Lugano. Comme il arrive que, sans le vouloir presque, on emprunte à une personne aimée certaines habitudes du corps et de la physionomie, Luini reproduit avec prédilection quelques-uns des mouvements préférés par Léonard, notamment le geste de l'index levé vers le ciel, qui caractérise l'un des Apôtres de la *Cène*, reparaît avec une expression tout autre et l'accompagnement d'un mystérieux sourire dans le *St Jean* du Louvre, et se retrouve enfin dans la grande préparation de l'*Adoration des Mages*. Le geste, sans le sourire inimitable, Luini

que son St Jean ; mais les têtes de plusieurs des Apôtres plus âgés se sont refroidies et comme engourdies. Du reste, il est vrai de dire que la jeunesse et la virilité conviennent mieux que la vieillesse au génie de Luini. Parmi ses rares figures de vieillards (où l'on a cru retrouver sa ressemblance), la plus remarquable peut-être est celle du St Gérard, de la Cathédrale de Monza. Elle n'a rien d'ascétique, rien qui sente l'austère pénitence, la conversion chèrement achetée. Une sainteté calme, une mansuétude sereine, l'enveloppent et la pénètrent, n'imprimant pas plus de rides au visage qu'elles ne laissent de taches sur la conscience et d'ombres sur la pensée. Pour trouver l'équivalent de tant d'onction et de limpidité morale, il faut se reporter à certaines pages du Télémaque, ou bien respirer le parfum biblique qui s'exhale de ces versets du Roi psalmiste : *Sicut unguentum in capite, quod descendit in barbam, in barbam Aaron..... quod descendit in oram vestimenti ejus.* Mais c'est là, redisons-le, une exception dans l'œuvre de Luini. Le peu d'empressement qu'il met à reproduire les formes séniles n'est-il pas attesté, notamment, par l'air de jeunesse qu'au rebours d'une tradition généralement acceptée par l'art religieux, il prête aux Evangélistes St Marc, St Luc et St Mathieu (Fresques de Saronno) ? La même disposition ne s'accuse-t-elle pas dans le parti-pris de rajeunissement qu'il adopte, à l'égard de l'époux de Marie ? Le fait est incontestable

---

l'a repris pour une de ses fresques de la cathédrale de Côme (*la Nativité*), pour une de celles qui décoraient le palais Litta, et l'a enfin répété avec une complaisance marquée dans la grande composition de Lugano.

en tout cas, et jamais notre peintre n'a consenti à se figurer St Joseph comme ce barbon tantôt jovial, tantôt bourru que Gaudenzio Ferrari, mêlant à l'orthodoxie une assez forte dose de fantaisie individuelle, aime à incliner les mains jointes sur son bâton, devant la crèche où l'enfant est étendu. Ne nous hâtons pas d'en conclure que Ferrari se conforme avec une docilité plus exemplaire aux convenances hiérarchiques et aux vraisemblances traditionnelles. Tout au contraire, une éducation plus complexe, les habitudes d'esprit encyclopédiques qu'il semble avoir héritées de Léonard, le prédisposaient à une indépendance plus large, en même temps qu'elles devaient lui obtenir, après Luini, une autorité supérieure et un renom tout autre. Si l'un des deux représente la variété plutôt que la simplicité, s'efforce de conquérir l'expression plus encore peut-être qu'il ne songe à conserver la profonde et inaltérable pureté, suit les mouvements de la vie dans leur épanchement extérieur, plus volontiers qu'il ne pénètre jusqu'à leurs sources intimes, c'est bien, toutes nuances gardées, celui qui passa de l'atelier de ce Giovenone de Verceil (dont les leçons contribuèrent visiblement à former le Sodoma comme Ferrari lui-même), à l'Académie de Léonard, pour être admis ensuite à collaborer avec Raphaël.

Raphaël! Prononcer un si grand nom en parlant de Luini, c'est suivre un exemple déjà donné et donné avec autorité. Si l'on voulait préciser un peu davantage la pensée qui justifie ce rapprochement, il faudrait imaginer Raphaël, développé d'abord par les enseignements du Pérugin, mais contenu ensuite dans les limites de cette direction initiale, séparé de Florence et de Rome, loin des doctrines déjà portées en bien des sens par un Art nouveau aussi bien que des modèles éternels de l'Art antique ; on aurait alors un Raphaël qui atteindrait sans doute, plutôt que les honneurs du triomphe suprême, la facile puissance qui fait le charme de Luini. Par contre, il n'est pas trop téméraire d'augurer que Luini, passant de Lombardie en Toscane et soumis aux influences qui, vers la fin du XVe siècle, s'y rencontrèrent en y convergeant, eût occupé le rang que nul ne peut sérieusement disputer à Raphaël. Quoi qu'il en soit, n'ayons pas regret à la destinée qui, le laissant plus près de son origine, dans une sorte d'obscurité relative et de demi-jour *provincial*, le tint éloigné de ces grands points de croisement où les écoles les plus renommées de l'Italie se touchaient pour se féconder réciproquement, lui garantissant ainsi, au prix d'une moindre variété, la liberté persistante d'un naturel privilégié. Fénelon, s'essayant à la critique d'Art qu'il contribuait à inaugurer dans notre littérature, n'eût peut-être pas trouvé, dans l'étude des fresques de Luini, d'assez fréquentes occasions et des motifs assez frappants pour faire ressortir l'habile harmonie, les rapports heureusement soutenus, l'accord des parties entre elles et avec l'ensemble qu'il s'est plu à louer dans telle composition du Poussin ; mais il ne se fût pas mépris à l'aimable simplicité du christianisme naissant qu'elles font reparaître. Lorsque, dans quelque auberge de la côte de Gênes, ou dans un village voisin de quelqu'un des lacs de l'Italie du Nord, et habité seulement par des pêcheurs, des pâtres et des vignerons, on s'empresse à vous montrer une estampe qui, au mérite de porter le nom de Luini, joint le tort de traduire maladroitement sa pensée, avant de faire valoir la lithographie expatriée, l'enluminure brillante qui vous ramène en pays de connaissance, avec les noms de Chardin et de Boilly, vous reconnaissez que, pour les princes de l'Art comme pour les autres, cette simplicité est l'une des premières conditions de la popularité. C'est bien par elle surtout que, gagnant jusqu'aux plus humbles, ils s'assurent, outre la vraie gloire, cette sorte de mémoire du cœur qui ne l'accompagne pas toujours. Chez Luini, qui fuit toute affectation, au point de pencher plutôt vers la maladresse et d'y tomber parfois, elle pourrait se comparer au don de la mélodie si largement départi aux compositeurs de son pays. Par elle, le rhythme et l'ordre ont l'air de s'introduire d'eux-mêmes dans les poses aisées de ses personnages, dans leur démarche, dans tout ce que la langue italienne enferme sous ces deux mots complexes, *atti* et *costumi* ; et l'on n'hésite jamais à leur appliquer, sans restriction, dans leur meilleure acception, ces deux épithètes largement expressives, *onesto* et *gentile*.

Mais il suffit de jeter les yeux sur le vaste *Crucifiement* de Lugano, sur les compositions qui, dans le sanctuaire de Saronno, séduisent et retiennent le spectateur par bien d'autres mérites que la tendre et persistante vivacité des couleurs, pour voir éclater un art plus élevé, l'art de concevoir avec justesse et de distribuer entre de nombreux personnages la variété féconde et l'harmonie élevée dont le *Cénacle* de Léonard est resté le modèle suprême, les manifestations opposées ou graduées de sentiments, d'émotions qui se rattachent à une même origine et rayonnent en quelque sorte d'un centre commun. Mélodie et harmonie, quels mots rendraient mieux, d'une part, cette pure fleur de beauté qui s'épanouit sans un pli qui la déforme, sans une ombre qui la ternisse, cette beauté qu'il ne refuse pas même à ses Hérodiades [1], de l'autre, tant de contrastes heureusement ménagés, tant de rapprochements ingénieux, depuis les personnages chargés d'un rôle important et nécessaire, jusqu'à ces autres personnages, admis accessoirement et à titre facultatif, dont Luini est bien moins empressé de grossir le nombre que de mettre en relief, en un relief doux et modéré, les dispositions morales ?

Ce que, devant les mystères suprêmes, l'âme humaine apporte de ténèbres et reçoit de clartés, et aussi les préparations inégales qui la conduisent, d'abord chancelante, puis affermie, de l'ombre à la lumière, voilà ce qu'il fait éclater ou deviner, voilà ce qu'il charge les groupes réunis autour de la Croix de déclarer hautement ou de laisser entendre. C'est l'opiniâtreté rude et sénile, personnifiée dans le Grand-Prêtre qui, tout en tenant les rênes bleues de sa mule, porte en avant un regard si dur et si impérieux ; c'est, à côté de lui,

---

[1] On peut opposer aux Hérodiades candides de Luini qui se trouvent aux Uffizii et au Louvre, celle que le peintre Callisto Piazza, élève de Titien, moins de dessein prémédité que par fidélité à un type favori, a représentée avec je ne sais quoi de fin et de fûté (Eglise de l'*Incoronata* à Lodi). Avant lui, un autre peintre, dans ses fresques du baptistère de Castiglione d'Olonna, près Varèse, avait imprimé à la même figure un caractère achevé d'humilité doucereuse et d'impassible indifférence, en le faisant ressortir par le geste d'horreur et d'effroi qu'il prêtait à une jeune fille spectatrice du drame sanglant. Ce peintre est Masolino, collaborateur de Masaccio, et l'un des précurseurs des grands maîtres qui excellèrent à prononcer les mouvements du corps humain et à les faire correspondre de mieux en mieux aux agitations de l'âme.

sur les traits d'un personnage reculé vers l'arrière-plan, la sottise souriante et béate qui ne se rend compte de rien ; ailleurs, c'est la finesse qui observe tout et qui s'observe. Plus en dehors et partant plus clairement, c'est le mouvement aussi abandonné que celui de saint Jean est ferme et continu, par lequel le Centurion, les bras étendus, le cœur ouvert, se livre sans réserve à la vérité subitement apparue, tandis que, près de lui, l'un de ses compagnons, plongé dans la plus profonde indifférence, penche sur le cou de son cheval sa tête somnolente. C'est l'attitude, plus pathétique encore, de Madeleine. Avec quelle élévation d'accent, ce corps, agenouillé mais non prosterné, ce profil si délicat et si énergique, si ardent et si fin, ces mains vivement rejetées vers la terre affirment la sainte abjuration, l'abjuration sans retour, par où elle dépouille tout ce qui, en elle, appartint à l'erreur, comme elle dépouille le manteau orné de broderies qui, tombant à ses pieds, la laisse étroitement serrée dans son vêtement de pénitente, dans sa robe gris de cendre ! C'est, enfin, près du groupe des saintes femmes, sublime à force de simplicité, la jeune mère tenant son enfant par la main, absorbée par lui, étrangère à tout le reste, que Luini place volontiers dans un coin de ses tableaux, comme l'image d'une tendresse sans inquiétude, comme un repos donné au regard. Ici, le regard passe outre, et trouve, pour s'y arrêter encore, deux autres têtes de femme, l'une anxieusement attentive, l'autre pénétrée d'une foi qui semble avoir déjà touché le terme.

S'agit-il des Rois Mages [1], d'autres motifs, ou, si l'on

---

[1] Fresques de Côme et de Saronno. (Le sanctuaire de Saronno est à une faible distance de Milan, dans la direction de Varese.)

aime mieux, d'autres prétextes d'oppositions ne sont pas moins heureusement saisis. Ils n'arrivent pas seuls; ils ont une suite moins nombreuse, il est vrai, que celle dont les maîtres florentins, depuis Benozzo Gozzoli jusqu'à André del Sarto, se plurent à prolonger le défilé. Dans cette suite, parmi les gens de cette escorte que le mélange des costumes italiens du XVIe siècle et des habillements orientaux ne parvient pas à faire paraître bizarres, parmi ces témoins diversement frappés des péripéties et du succès de l'étrange voyage, on s'enquiert, on s'interroge des yeux. La variété des âges, rendant plus sensible la différence des impressions, met en présence et en contact la confiance facile, l'expérience froide et quelque peu ironique, la curiosité qu'aiguise la surprise, la pleine et tardive sagesse qui exclut le doute. Mais, là encore, là surtout, des combinaisons tempérées se fondent en un accord que ne trouble nulle dissonance brusque. Tout se dit à voix basse, tout s'entend à demi-mot. Faut-il ajouter que, dans la *Présentation au Temple* de Saronno, la jeune femme en rose qui tient le couple de colombes traduit par la vue avec une justesse parfaite la description poétique inspirée à Dante par la première apparition féminine qui le salue, au seuil du Paradis terrestre?

Comme si volge con le piante strette
A terra, e intra se, donna che balli,
E piede innanzi piede a terra mette.
(*Purgatoire*, chant XXVIII).

Mieux vaudrait faire son profit de l'aveu d'impuissance que le sublime poète exprime si bien en d'autres endroits du *Purgatoire*. Des messagers chargés d'apporter les commandements divins vers la montagne des expiations, qu'a-t-il vu de manière à le retenir? Des formes éclatantes de blancheur, des ailes d'un bleu céleste ou d'un vert plus vif que celui de l'émeraude fraîchement cassée. Mais de leur figure trop lumineuse pour qu'il en garde le moindre reflet, tout lui a échappé et il n'ose rien dire. Plus heureux que Dante en ce point, des maîtres tels que Luini auront pu fixer des visions radieuses, mais l'enchantement passager qu'on leur doit ne s'en évanouit pas moins à distance. Comment se résoudre pourtant à ne pas ressaisir quelques traits du *Jésus au milieu des Docteurs*? Réunissant deux moments que d'autres peintres italiens ont mieux aimé séparer, celui où Jésus étonne les Docteurs par sa sagesse précoce et celui où sa mère le retrouve, Luini a montré la Vierge arrivant sans larmes, sans empressement exagéré, portant seulement la main sur son cœur, comme pour contenir les battements que produit la joie succédant à l'inquiétude ; les docteurs cherchant en vain ce qu'ils ne veulent ou ne peuvent trouver, ceux-là interrogeant les livres, ceux-ci se questionnant pour obtenir une réponse, une solution, que le plus jeune, n'ayant de la jeunesse que la sincérité sans la présomption, a l'air de demander au ciel ; le fils de Marie enfin, portant sur sa physionomie doucement accentuée un reflet de l'expression pensive que Luini prête volontiers à ses Vierges, dominant tout autour de lui, de la *cathedra* en avant de laquelle il se tient debout, *tanquam potestatem habens*, et, de ses deux mains, l'une relevée en haut, l'autre abaissée respectueusement vers sa mère, faisant un double signe de tendre et docile déférence, qui se traduit évidemment ainsi : A lui d'abord, à vous la première ensuite.

En passant par une imagination si calme et si pure, les créations mêmes qui relèvent purement du surnaturel revêtent un caractère d'aimable familiarité. Les anges musiciens de Luini ne sont pas des virtuoses, des improvisateurs consommés. C'est à Bellini, à Carpaccio, à Francia, d'en imaginer de tels; c'est à Gaudenzio Ferrari qu'il appartiendra de grouper un incomparable orchestre céleste où des grâces qui ne sont pas celles de l'enfance seront relevées par l'élégance des draperies et l'extrême variété des attitudes ; c'est lui qui, dans la coupole du sanctuaire de Saronno, ménagera ainsi des surprises et des jouissances raffinées, aussi bien à l'archéologue avide de résultats positifs, qu'à l'observateur délicat et soucieux de pénétrer avant tout les intentions morales d'une œuvre ; car l'un aurait peine à trouver ailleurs une collection plus complète et plus curieuse des instruments légués par le Moyen-Age à la Renaissance, et l'autre saurait bien apprécier le caprice heureux, ou, pour mieux dire, l'inspiration élevée qui, dans cette foule d'*exécutants*, a réservé une place modeste à trois ou quatre figures angéliques revêtues des couleurs du deuil, et de leurs mains vides, mais jointes pour la prière, faisant aux divines mélodies un accompagnement silencieux, jetant au milieu de tant de clartés l'ombre d'une tristesse presque humaine, et, dans cette harmonie parfaite, une dissonance apparente qui, loin de la troubler, la complète et la rend plus touchante. C'est Ferrari encore qui saura tantôt grouper autour de Jésus naissant dans la crèche ou transporté en Egypte, ces autres enfants du ciel, avec leurs poses naïves, avec cette physionomie si vive [1] que rehaussent, qu'achèvent leurs fronts bombés, leurs mentons légèrement effilés, ces gracieux compagnons de route [2] aux visages rayonnants d'une joie tranquille, aux mains pleines de fleurs, tantôt assembler près du Christ mourant [3] ces témoins célestes qui répandent, non plus des fleurs, mais des larmes, de vraies larmes, semblables à ceux que, plus tard, Monti, dans quelques beaux vers, montrera passant du Calvaire à l'ignoble gibet d'Iscariote :

Gli angeli del Calvario in su la sera
Partendo a volo taciturno e lento,
La videro da lunge e, per pavento,
Si fer dell' ale agli occhi una visiera.

Avec une merveilleuse justesse de conception, et par le choix de formes ni trop viriles ni trop mollement féminines, il leur fera épouser, par une alliance dont la pitié est le lien, la nature terrestre qu'ils dominent sans en être indépendants. Il manque à Luini une telle puissance, s'exerçant avec cette liberté féconde et se déployant en de tels contrastes. La mémoire et l'attention font souvent défaut à ses anges musiciens [4] ; il faut

---

[1] Eglises de San Cristoforo, à Verceil, et de San Gaudenzio, à Novare.

[2] Cathédrale de Côme.

[3] Voûtes et parois de la chapelle du *Monte Sacro di Varallo*, où est représenté le Crucifiement.

[4] Le plus beau de tous et le plus fidèle à la tradition de Léonard est assurément celui que l'on peut voir au bas du grand tableau d'autel de la Cathédrale de Côme, tout près d'un *donataire* enveloppé de superbes draperies de couleur rouge.

qu'une longue banderole étalée devant eux et soutenue de leurs mains prévienne les distractions en leur tenant lieu à la fois de cahier et de pupitre. Otez, à ceux que nous montre le musée Bréra, la coupe et l'encensoir, il restera de timides catéchumènes. Dans le beau dessin que possède la Bibliothèque Ambrosienne (*la Famille de Tobie*), l'enfant presse légèrement la main de l'archange Raphaël, son guide et son protecteur, comme pour surmonter la résistance modeste qu'il oppose aux témoignages de gratitude que lui attirent ses bienfaits. Enfin, l'observation tardive des lois d'un parallélisme archaïque, depuis longtemps abandonné autour de lui et par lui-même, préside à la disposition de la partie supérieure du *Crucifiement* de Lugano. Là, ses petits anges, attristés assurément, mais plus méditatifs encore que tristes, se correspondent symétriquement, soit qu'ils s'accoudent sur les bras de la croix, soit qu'ils planent au-dessous, et que leurs corps nus sortent du nuage qui les dérobe à moitié, comme la coquille cache à demi le corps de l'oiseau naissant.

Féconder ensemble, de la même main, le double héritage de l'antiquité païenne et des âges chrétiens, ce fut un droit aussi hautement réclamé, aussi ouvertement exercé par le grand art italien que par la poésie que Dante inaugura, et, le jour où Savonarole put employer sa dictature religieuse à séparer dans cette région, comme dans les autres sphères de l'activité intellectuelle, le sacré du profane, il dut procéder bien moins en défenseur ardent d'une doctrine morale, qui exerce contre ses adversaires et pour l'abolition de leurs œuvres le pouvoir presque absolu de conserver et de détruire dont il dispose, qu'à la façon de ce juge des consciences qui, chez le même homme, et souvent chez un homme qu'il aime, travaille à rompre des liens secrets et distingue entre des actions et des tendances permises ou défendues. Rien d'étonnant, par conséquent, à ce que Luini, autorisé d'ailleurs par l'exemple de son maître, se soit risqué parfois sur le terrain de la mythologie. Mais il n'est pas sans éprouver quelque embarras quand il s'agit de rendre à ces sujets profanes le charme qu'il avait emprunté à l'art antique pour le détourner vers des sujets chrétiens. Si l'on excepte une figure singulièrement imposante et majestueuse du musée Bréra, ses déesses à la coiffure formée de tiges de jasmin capricieusement éparpillées, exercent moins de séduction et ne captivent pas aussi sûrement le regard que ses saintes couronnées de roses, avec leurs vêtements aux teintes légères et heureusement assorties, dont l'arrangement si simple, si souple, n'a rien à envier à l'habileté justement vantée, bien que parfois un peu factice et mécanique, d'un Fra Bartolommeo. Il est plus à l'aise avec les Sybilles, ces filles du paganisme adoptées par la poésie et l'art chrétien qui les ont associées aux Prophètes. Aussi, avec quelle grâce il a su les incliner dans plus d'un tympan réel ou simulé (1)! N'est-ce pas, d'ailleurs, un pur, quoique indirect reflet de l'antiquité, qui vient éclairer ce saint Sébastien (2) prenant, pour s'endormir dans la mort, l'attitude de la statue que l'on a pris l'habitude de désigner sous le nom de ***Génie du sommeil éternel***?

L'expression de joie ou de sérénité qu'il prodigue à

(1) A Saronno, au Monasterio Maggiore de Milan.
(2) Musée Bréra.

ses anges et à ses saintes, Luini ne la réserve que bien rarement à ses Vierges [1]. Ce n'est pas qu'il les rende froidement austères, mais presque toutes, pour emprunter à la langue allemande un terme poétique, sont *pleines de pressentiments*. Telle est, au premier rang, la Madone de Lugano, dont la physionomie doit un charme si pénétrant à l'amincissement des joues et du menton, à l'atténuation des contours, qui diminuent l'importance de certaines parties de la figure au profit de celles où se prononce le mieux le langage intérieur de l'âme. Celles qui, dans la cathédrale de Côme, reçoivent, ou les hommages des saints, ou les modestes offrandes apportées par les pasteurs, reproduisent le même type de douceur et de recueillement, que répète, en le nuançant légèrement, dans la seconde de ces compositions, la tête de sainte Anne placée au-dessus de la Vierge ; type sensiblement différent de celui que Léonard avait adopté pour la Mère et la Fille, lorsqu'il les figura rieuses et comme revenues à la gaieté de l'enfance. Le maître et le disciple ont ainsi imprimé, sur le visage féminin, l'un, par un certain redressement, l'autre, par une inclinaison légère des coins de la bouche, deux inflexions intermédiaires, placées, respectivement, à égale distance de la contraction douloureuse que n'exclut pas l'Art chrétien encore voisin de son en-

---

[1] La Vierge de la *Présentation au Temple*, peinte à Saronno, est peut-être celle qui ferait, à cet égard, l'exception la plus marquée. Nulle arrière pensée ne trouble la douce animation de sa physionomie. Evidemment, elle n'a pas encore entendu la parole prophétique du vieillard Siméon qui est devant elle : *Et tuam ipsius animam pertransibit gladius* (Evang. de St Luc, ch. 2, v. 35.)

fance, l'Art, familier avec les pleurs, de Giotto, ou, plutôt encore, des premiers successeurs de Giotto, et de la dilatation produite par le rire, forme extrême de la joie. dont la peinture, même la plus compromise dans l'imitation absolue de la réalité, n'a pas souvent daigné fixer la mobile grimace. Ce sont des accents moyens et modérés que l'on comparerait volontiers aux modes atténués, aux tons reposant sur des intervalles amoindris qu'un autre Art interpose parmi des modes plus pleins et des tonalités plus franches.

A Milan, tout près du *Sposalizio* de Raphaël [1], se

---

[1] Il est permis d'affirmer que, dans la représentation d'un sujet qui tenta plus d'un grand peintre, depuis l'époque où Giotto (chapelle des Scrovegni, à Padoue) y fit entrer, avec tant de candeur, déjà tant de souplesse, Raphaël, au Musée Bréra, Luini, à Saronno, défient toute rivalité. A Saronno, l'on reconnaît, fixé avec une fermeté que l'on dirait volontiers classique, avec un attrait sans réserve, sans réticence, sans mystère comme sans caprice, l'une de ces images de beauté féminine dont Léonard caressa le rêve et la chimère; image dont l'attribution est consacrée en sa faveur par deux dessins appartenant au Musée de Venise et au Musée du Louvre, qui montrent, l'un de face, l'autre de profil, la même tête de femme, couronnée de feuillage comme la Vierge de Luini; image née sans doute sous le crayon du grand artiste, mais arrêtée d'abord, comme plusieurs autres, à cette première période d'existence, puis redevable au pinceau de Luini d'une expression plus achevée et d'une seconde vie plus durable. Dans le chef-d'œuvre du Musée Bréra, on voit se développer, s'épanouir le charme discret et timide de la grâce ombrienne. Entre tant de qualités divines, nulle n'est plus divine peut-être que le sentiment général d'acquiescement, d'abandon sans résistance devant une volonté supérieure, que respirent également toutes les figures. La déclaration de cette volonté n'éclate pas plus clairement dans le miracle de la floraison de la baguette tenue par saint Joseph, qu'elle n'est rendue manifeste par la compression aisée des

montre une Vierge de Luini, sans pâleur, celle-là, et sans plus rien de *smorto*. Appuyée contre un buisson de roses disposé en palissade, elle retient dans ses bras l'Enfant qui s'élance pour saisir une de ces touffes d'ancolie que l'on voit, au printemps, sur les prairies solitaires des montagnes, s'élever, toujours penchantes, au sommet de leur longue tige ; fleur aimée de Léonard, fleur que Raphaël ne dédaigna pas, et qui lui dut les honneurs du premier plan, lorsque, venant d'achever le *Sposalizio*, il asseyait, au sein d'une riche nature, sous un ciel pur, sa *Belle Jardinière*. Ici, sous la main du

---

émotions que chaque personnage pourrait naturellement ressentir et serait exposé à trahir. De tous les prétendants, aussi bien de celui qui a été choisi que de ceux qui ont été exclus, on peut dire qu'ils laissent faire et cèdent plus qu'ils n'agissent ; il en est de même à plus forte raison de Marie, dont la pudeur est enveloppée mais non dissimulée sous un voile d'innocente soumission. Chez Luini, l'essor des sentiments humains que Raphaël avait contenus dans leur germe, n'a pas été arrêté au même point. Ici, dans la fresque du Musée Bréra, saint Joseph laisse deviner plutôt qu'échapper un frémissement de surprise heureuse que le Grand-Prêtre a l'air de vouloir étouffer. Là (à Saronno), une certaine hésitation, une imperceptible résistance dans les mains de la Vierge, dont l'une avance, l'autre recule, se donnant, se retenant tout ensemble, révèle plus librement une pudeur moins couverte. Le mouvement du prétendant qui brise son bâton a été modifié dans le même esprit. Ce bâton n'est plus négligemment rompu contre le genou ; il est cassé net par l'effort de l'un des pieds qui se relève. On est loin encore de l'expression presque irritée que Gaudenzio Ferrari, traitant à son tour le même sujet, a prêtée à quelques-uns de ses personnages dans le tableau de la cathédrale de Côme et le dessin conservé à la Bibliothèque Ambrosienne ; mais, par ce geste, où perce un dépit mal réprimé, un pas a été marqué, un degré de plus a été franchi dans le sens de l'animation et de la vivacité.

premier, à côté de Léonard, entre les peintres de la Lombardie, elle frappe comme l'emblème d'une destinée voilée, d'une renommée lente à sortir de l'ombre. Demeuré ce qu'avaient fait de lui, après Dieu, les enseignements, les rares exemples, l'héritage, recueilli pour la part la plus large, de celui qui, parmi les grands représentants de l'Art de peindre, fut le moins abondant en œuvres, Luini ne reçut pas l'empreinte des cultures variées qui s'appliquèrent, non loin de là, à des talents plus en vue; cultures propres à multiplier, à perfectionner les productions de l'Art, dont on les charge d'exalter les parfums et de doubler l'éclat, mais sujettes à les raffiner et à les corrompre, quand s'éloignent les époques de sa première et libre floraison. Jusqu'à la fin, il garda intact, à l'abri de toute altération, exempt de tout accroissement superflu, son trésor de naïve et fine simplicité ([1]). Les nombreux témoignages qui, par bonheur, nous en restent, mis successivement dans leur vrai jour, soutiennent sans pâlir, sans rien perdre de leur fraîcheur durable, la lumière qui a projeté enfin sur eux les rayons d'une célébrité propre, mêlés aux reflets d'une gloire supérieure.

([1]) La dernière œuvre importante qu'il ait composée, la grande fresque de Lugano, montre, étalée sur le champ du sujet principal qui est le Crucifiement, une bande parallèle au bras de la Croix, formée par des compartiments égaux où sont représentés plusieurs épisodes de la Passion ; autre exemple de cette persistance dans des errements déjà anciens, qui a été signalée plus haut, à propos de la même œuvre; disposition naïve et volontairement surannée, à laquelle nul, sans doute, n'aurait plus songé à se conformer dans le groupe des élèves de Raphaël que dispersait, en ce moment même, l'entrée à Rome des troupes du Connétable de Bourbon.

III.

LA CHAPELLE SAN BRIZIO A ORVIETO

(Extrait, presque intégralement, de la *Gazette des Beaux-Arts*, nº du 1er février 1875.)

Aux approches de l'an mille, l'attente d'une décisive manifestation de la justice divine, qui condamnerait le genre humain à périr tout entier et tout d'un coup, avait pesé sur les âmes jusqu'à leur enlever le goût et la liberté de traduire, dans des œuvres sans avenir, les images funestes qui les obsédaient. Mais, au lendemain du péril, quand la date fatale a passé inoffensive, l'Art participe à l'universel réveil, et, sous le contre-coup de secousses morales encore vibrantes, il va multiplier les représentations destinées tout ensemble à porter le reflet de terreurs, sinon évanouies, du moins ajournées par un sursis indéterminé, et à familiariser les regards avec la perspective incertaine de ce jour, dont l'échéance n'était plus imminente. Sous des formes souvent étranges, où le grotesque et le terrible préludaient au sublime et l'annonçaient parfois, les compositions de cet ordre contenaient invariablement un sens moral profond qui en était comme l'âme. Elles répondaient à cette pensée d'une réparation future qu'en présence de tant d'inégalités autrement irrémédiables proclame le Christianisme et que ne désavoue nulle philosophie élevée.

Les tailleurs de pierre du XIIe et du XIIIe siècle en firent volontiers le sujet des sculptures qu'ils plaçaient au frontispice de nos cathédrales, comme pour provoquer l'attention du passant le plus indifférent qui traversait le parvis sacré. Sous le pinceau des grands artistes italiens qui appartiennent aux deux siècles suivants, les mêmes images saisissantes reparaissent, tantôt à l'intérieur de l'église où elles fixent dès l'entrée les regards des fidèles; tantôt, associées de plus près au recueillement intime du sanctuaire; tantôt, enfin, précisant les graves enseignements qui sont inséparables de l'asile des morts. Les unes et les autres concourent à former un ensemble imposant où l'on voit figurer Giotto et Orcagna, chacun à deux reprises (1), suivis de près par le Siennois Taddeo Bartoli (2), et que devait couronner en pleine Renaissance le chef-d'œuvre écrit par Michel-Ange sous la dictée du Moyen-Age, en caractères empruntés aux temps bibliques (3).

---

(1) Giotto dans le palais du podestat à Florence et dans la chapelle de l'Arena à Padoue; Orcagna dans le Campo-Santo de Pise et dans la chapelle des Strozzi à l'église Santa Maria Novella de Florence.

(2) Dans la cathédrale de la petite ville de San Gimignano.

(3) Avec Michel-Ange, le grand art italien semble avoir épuisé cet ordre de sujets. Le *Paradis*, de Tintoret, y rentre encore, mais pour n'en montrer qu'une seule face. Si l'on veut retrouver en Italie un vrai *Jugement dernier*, au-delà du XVIe siècle, il faut remonter les vallées qui confinent au Monte Rosa, et faire connaissance avec cette tribu d'artistes du Val Sesia qui mérite de figurer, à titre de complément ou d'appendice, dans les annales de la peinture chrétienne.

Tout à fait au début du XVIe siècle, à cette série déjà si riche, s'ajoutent d'importants travaux exécutés presque simultanément dans une église du Frioul, à Collalto, et dans une petite ville de l'Italie centrale. Par les uns, commençait à se révéler le futur rival de Titien, Pordenone; par les autres, dont nous allons dire quelques mots, s'affirmait le précurseur le plus apparent de Michel-Ange, reprenant, au bout d'un demi-siècle, l'œuvre entamée par le plus mystique des peintres de Florence.

C'est à Fra Angelico, en effet, que revient l'honneur d'avoir, vers le milieu du XVe siècle, placé dans trois des compartiments triangulaires compris entre les arêtes supérieures qui couvrent la chapelle de San Brizio, au fond de la cathédrale d'Orvieto, un Christ attristé plutôt qu'irrité, malgré l'énergie d'un geste que le peintre empruntait à Orcagna pour le transmettre à Michel-Ange, et, autour de lui, des anges qui, par leurs formes élancées et sveltes, se rapprochent de ceux qu'il a reproduits tant de fois ailleurs, mais se distinguent par un air de vague et tendre commisération; une Vierge et des Apôtres qui ont malheureusement subi de graves altérations; seize Prophètes, enfin, portant sur leurs visages rassérénés que nulle contraction ne trouble, l'inaltérable reflet de la justice éternelle dont ils sont les tranquilles contemplateurs après en avoir fait éclater les oracles, et rendant avec une douceur majestueuse qui a été rarement égalée (si elle le fut jamais), la sécurité du repos sans fin en face des splendeurs divines. Toutes ces figures formaient comme la clef de voûte d'un monument de l'art chrétien qui ne devait pas de sitôt recevoir son achèvement. Plus de cinquante années allaient s'écouler avant qu'il s'élevât sur ses assises pour rejoindre son couronnement anticipé. Quel nom resterait attaché aux parties de beaucoup les plus importantes par leur étendue, qui n'avaient pas encore été touchées? A défaut d'une main purement florentine ([1]), quelle école obtiendrait la préférence? Est-ce du côté de Sienne, est-ce vers l'Ombrie que l'on allait se tourner?

Une lacune eût interrompu l'enchaînement serré et logique qui lie entre elles les phases diverses de l'histoire de l'art italien, s'il ne se fût trouvé une occasion décisive de manifester ce développement, un maître spécialement doué pour en profiter. Cette occasion, ce fut la décoration de la chapelle San Brizio. Ce maître, c'est Luca Signorelli.

Lorsque les auteurs de l'*Histoire de la Peinture en Italie* ([2]) mentionnent les vicissitudes par lesquelles, échappant aux mains de Pérugin et de Pinturicchio qui n'y touchèrent pas ou ne firent que l'effleurer, cette œuvre capitale échut définitivement au peintre de Cortone, ces observateurs, que l'on dirait presque infaillibles à force de calme et de pénétration patiente, ne peuvent se défendre d'une sorte d'émotion solennelle

---

([1]) L'offre faite, en 1449, par le meilleur élève de Fra Angelico, Benozzo Gozzoli, de se substituer à son maître, n'avait reçu qu'une réponse évasive.

Les compartiments de la voûte représentant des groupes de patriarches, de docteurs, etc., avaient été laissés vides par Fra Angelico et furent remplis, plus tard, par la même main qui traça les grandes fresques placées au-dessous.

([2]) MM. Crowe et Cavalcaselle.

qui porte avec elle sa justification. Il est certain que les fresques, admirables du reste à tant d'égards, de *Santa Maria Maddalena dei Pazzi*, à Florence, et de la *Libreria*, à Sienne, laissent voir à quel point, dépaysés dans la région la plus tumultueuse, la plus étourdissante, que pût aborder la peinture religieuse, ces doux représentants de l'école ombrienne eussent dû faire violence à leur tempérament et rompre avec leurs paisibles habitudes. Signorelli, au contraire, s'y trouve pleinement à l'aise et comme dans son élément naturel. Aussi, de l'année qui s'ouvre sur son nouveau travail en même temps qu'elle inaugure un nouveau siècle (1500), il va faire, pour sa part, une date *climatérique* et féconde en significatifs présages. Que lui manquait-il pour exercer sur une large échelle les facultés que révélaient déjà cette *Flagellation* (1), cette *Vierge aux Bergers* (2), mieux encore le *Moïse* de la chapelle Sixtine, où, par application d'un principe admis avec peu de scrupules à cette époque, plusieurs épisodes placés sur des plans divers, concourent à former une composition unique, et les sujets profanes destinés à orner le palais Petrucci, à Sienne, dont il ne reste malheureusement que quelques fragments? Ce que de telles œuvres commençaient à manifester hautement, c'était une recherche exacte, une étude attentive de l'ensemble de parties charnues et de parties osseuses qui constitue la structure de la personne humaine : c'était aussi un progrès incontestable dans l'art d'assembler les personnages réunis pour une action commune.

---

(1) Musée Bréra, à Milan.

(2) Musée des Uffizii, à Florence.

Les huit grandes fresques inférieures de la chapelle d'Orvieto et les compartiments des voûtes avoisinant ceux qu'avait déjà remplis Fra Angelico sont là pour attester la fidélité du peintre dont elles contiennent le dernier mot aux promesses qu'il avait faites ailleurs.

Dans le culte voué en commun à l'art, plus d'un maître italien se réserve une sorte de dévotion particulière et circonscrite. Uccelli (pour n'en citer qu'un) fit ses délices de la perspective, jusqu'à lui sacrifier sans regrets le repos de ses nuits. Ce qui attira, captiva Signorelli, lui inspira une ferveur telle, que, sans répugnance et sans révolte, il put prendre pour sujet d'étude le cadavre de son propre fils, ce fut la configuration du corps humain.

Les sujets pieux le plus ordinairement traités alors n'offraient à un tel zèle que de maigres motifs et des occasions parcimonieusement mesurées. Aussi, l'on ne saurait le nier, il entre quelque chose de l'attrait irrésistible exercé par le fruit défendu et de l'avide empressement qui suit une longue abstinence dans l'audacieuse franchise avec laquelle il remet, à si peu de chose près, en l'état où se trouvaient, s'éveillant à la vie, le père et la mère du genre humain, tous ces descendants d'Adam qu'il montre tour à tour terrassés par la colère divine, poussés avec violence aux abîmes sans fond ou paisiblement relevés vers les clartés de l'éternelle béatitude. Comme on l'a dit avec une autorité irrécusable [1] : « Dans certaines de ces scènes, l'animation et la vie

---

[1] MM. Crowe et Cavalcaselle, *History of Painting in Italy*, vol. III, p. 20.

sont aussi grandes que dans la ***Bataille d'Anghiari*** de Michel-Ange. Les nus égalent ceux de la Sixtine, et les raccourcis ont la perfection de ceux qu'Uccelli et Piero della Francesca avaient osés. » Un tel éloge, auquel il n'est que juste de souscrire, s'applique en grande partie à cette troupe d'infortunés pour qui les signes célestes, avant-coureurs de la fin prochaine, qu'ils interrogeaient tout à l'heure avec stupéfaction par la vue et par l'ouïe, sont devenus subitement une menace terrible contre laquelle, de leurs mains ramenées et serrées contre leurs têtes, ils s'efforcent de se faire un abri, une menace qui, portant coup à l'instant même, va précipiter ceux qui ne font encore que chanceler sur les corps de leurs compagnons, atteints les premiers et déjà renversés en arrière ou sur le flanc.

Plus loin, revenus à la vie, les voilà qui, fermement arcboutés sur leurs jarrets tendus, se cambrent, se piètent, se préparent au pugilat qu'ils vont soutenir corps à corps contre les bourreaux, dont l'inévitable étreinte doit les faire hurler de douleur. Une élastique fermeté, une agilité souple et nerveuse éclatent sous des épidermes dont les teintes basanées donneraient lieu d'imaginer qu'aux yeux du peintre la vie future est le privilége exclusif d'une seule entre les races qui se partagent l'humanité ; de celle-là même qui avait fourni plus d'un caractère exotique, plus d'un trait de couleur locale à certains types orientaux de la façon de Piero della Francesca [1].

---

[1] *Bataille livrée entre Héraclius et Chosroès*, fresque de l'église Saint-François à Arezzo.

Quelque aridité, il est vrai, se laisse apercevoir sur certains points de ces surfaces charnues un peu lisses, un peu plates, insuffisamment nourries, dont Michel-Ange saura, par tant de puissantes saillies, corriger les maigreurs, relever les creux, et que les disciples de Michel-Ange ne seront que trop habiles à étoffer outre mesure, à surcharger, à faire bomber. De même, si l'on examine les personnages de Signorelli, non plus isolément, mais réunis et agrégés, il faut reconnaître que ses groupes, exempts de confusion, mais non d'une sorte de *compacité*, ne sont pas toujours sans faire désirer cette pondération parfaite, l'un des secrets du génie de Raphaël. Doit-on remarquer, en revanche, qu'il est loin de la rigidité rectiligne qui présidait naguère à l'arrangement des spectateurs disposés autour d'un martyre, d'une cérémonie pieuse, d'une guérison miraculeuse, et dont la pratique habituelle laisse parfois encore, jusque chez Gozzoli et Ghirlandajo lui-même, une certaine gêne légèrement compassée contrarier plutôt qu'altérer la libre combinaison des mouvements et des attitudes ? Ce qu'il vaut mieux signaler à sa louange, c'est le surcroît de cohésion et de franche animation qui frappe dans ses *ensembles*, lorsqu'on les compare en idée aux fresques de la *Libreria* de Sienne, où, peu d'années après, Pinturicchio fit entrer les événements principaux de la vie d'Œneas Sylvius Piccolomini.

Pour tout dire en deux mots, la science du nu, le sentiment du groupe, voilà les deux principes auxquels se rattacheraient, à titre de corollaires, bien des observations suggérées par l'œuvre de Signorelli, et tendant à démontrer que, dans la part faite, soit à des traditions, soit à des textes sacrés et à de poétiques origines, son choix fut calculé de telle sorte que le naturalisme, auquel il accordait tant, s'accommodât de ce qu'il empruntait et n'eût rien à regretter dans ce qu'il répudiait ou laissait de côté.

Par exemple, la constante recherche du vrai dans les formes corporelles le conduit à mettre au rebut certains procédés factices que n'avaient pas dédaignés avant lui-même des maîtres renommés. Une surcharge d'embonpoint, un excès de maigreur, voilà les signes visibles auxquels on avait eu recours pour caractériser les pécheurs qui s'étaient abandonnés aux plaisirs des sens et les justes qui s'étaient infligé des privations pénibles et de méritoires rigueurs [1]. Il rejette ces marques distinctives qui ne parlent qu'aux yeux, et en les rejetant fait preuve de bon goût. Par contre, le procédé de dépouillement absolu dont Signorelli refuse de se départir à l'égard de ses ressuscités est incompatible avec un effet moral que ses prédécesseurs n'avaient pas négligé de recueillir dans l'héritage poétique de l'auteur de la *Divine Comédie* [2]. En conservant à quelques-uns des coupables que frappait l'arrêt suprême, les insignes, soit des dignités éminentes, soit même de l'autorité souveraine qui leur avait appartenu dans l'ordre temporel ou spirituel, afin de transformer de

---

[1] Dans des intentions bornées à la vie présente, à un point de vue politique et *social*, comme nous dirions aujourd'hui, n'est-ce pas de la même distinction matérielle que le langage avait tiré les termes de *popolo grosso, popolo minuto*, employés pour désigner les classes aristocratiques et les classes populaires?

[2] Dans la fresque de Collalto, c'est un pape qui ouvre la marche des damnés.

telles marques d'honneur en signes privilégiés de réprobation, ces maîtres s'étaient plu à relever ce que cette seconde enveloppe, retournée en quelque sorte et mise à l'envers après la mort, pouvait trahir de mal assorti et de mensonger, lorsque, au lieu de s'adapter équitablement aux vrais mérites, elle s'était trouvée comme jetée au hasard suivant les caprices de la destinée. Les apparences d'une égalité toute sèche et toute nue, auxquelles le peintre de la chapelle de San Brizio donne le dessus, excluaient un tel contraste surérogatoire ; il n'a pas songé, d'ailleurs, à l'introduire par cette sorte de transaction subreptice qu'adopte Jean Cousin, quand, de tout ce qui avait revêtu, sa vie durant, tel personnage investi du pouvoir souverain, il lui laisse sa couronne, mais presque rien de plus [1].

On voit sans peine encore pour quelle raison, plutôt que de s'aventurer à la suite de l'auteur de l'*Apocalypse*, il s'attache aux paroles par où le prophète Ézéchiel fait voir, dans un sens figuratif, la vie pénétrant à nouveau, non-seulement des organismes encore intacts, auxquels il ne manque que le souffle vital, mais encore des squelettes et jusqu'à des ossements desséchés. S'il s'en tient à cette prodigieuse interversion des rôles entre la nature, qui reprend tous ses droits, et la mort, qui perd tous les siens (***Mors stupebit et natura***), sans vouloir y mêler des apparitions surprenantes à un autre titre, c'est qu'il comprend bien que l'étrange fantasmagorie des visions apocalyptiques eût été loin de satisfaire aussi étroitement des exigences plastiques auxquelles il

---

[1] *Jugement dernier*, du Louvre.

aime à se soumettre et à devoir un triomphe qui est au prix de cette soumission.

Le même désir de ne perdre aucun des avantages auxquels il tient avant tout, justifie l'extrême sobriété dont il fait preuve dans le choix et la répartition des attributs destinés à élever au-dessus des apparences humaines ou bien à faire descendre plus ou moins bas, sur les degrés du règne animal, les acteurs du drame qui font partie des chœurs célestes ou des légions infernales. Il s'abstient à meilleur titre encore des amalgames grotesques qui, dans certaines *Tentations de saint Antoine*, de Breughel, de Téniers, de Callot, deviendront comme la parodie des rêves terribles du Moyen-Age. Au fond, ses démons, ailés ou aptères (et ces derniers sont en majorité), ont toute la structure organique de l'homme, dont ils sont les aînés dans le mal et la rébellion. De vraies mains leur servent à saisir les damnés, à les garrotter, à les suspendre à leurs épaules. C'est avec de vrais pieds qu'ils les terrassent et les foulent en trépignant. Certains détails seulement, certains appendices extérieurs, certaines altérations de couleur, les signalent en les différenciant. Pas de griffes, mais de courtes cornes plantées près des tempes; pas d'entrelacements de serpents, mais une ceinture de poils, des plaques rouges ou verdâtres, marbrant la peau comme autant de stigmates flétrissants que l'on prendrait pour quelque épanchement de venin extravasé, plutôt qu'on n'y reconnaîtrait le reflet des fournaises infernales. Des mèches filamenteuses qui pendent au-dessus de sourcils blancs arqués en crocs, forment une chevelure flasque et hérissée à la fois, marques d'une vieillesse sans honneur et sans respect, parce que, en elle, la longueur du temps ne signifie rien autre que la perpétuité du mal.

Il procède dans le même esprit, avec la même mesure, lorsqu'il revêt d'une enveloppe corporelle les envoyés célestes chargés de présider aux châtiments sans fin et ceux qui ont pour mission de décerner les récompenses éternelles. C'en est fait des créatures aériennes, sorte d'oiseaux à figure humaine, auxquelles Orcagna semblait prêter des apparences consacrées par les antiques mythologies, tandis qu'en donnant celles d'une nouvelle enfance aux âmes remises entre leurs mains, il demeurait pénétré de l'esprit des premiers âges chrétiens, tel que l'ont recueilli tant d'inscriptions funèbres transformant le jour de la mort en jour *natal*. Elles ont fui à tire d'ailes, avec leur précieux butin, vers les hauteurs de l'Empyrée. De ces hauteurs descend à l'appel de Signorelli une toute autre race de serviteurs de Dieu. Dépouillez de leurs grandes ailes ceux qui, solidement arrêtés et fortement attentifs, au lieu de flotter dans l'air, surveillent la lutte des réprouvés et des démons, il restera des chevaliers bardés de fer, des guerriers à l'armure desquels nulle pièce ne fait défaut. Ce n'est pas qu'ils entrent eux-mêmes en lice. Leur poste est un poste d'observation, non de combat. Constitués juges du camp, ils sont prêts à dégaîner dès qu'ils auront surpris la moindre fraude dans l'exercice des pouvoirs attribués pour la punition des méchants à de plus méchants encore.

Vis-à-vis, au contraire, la paix, la sérénité, la mansuétude, respirent sans mélange sur les traits des messagers du ciel qui, des instruments de musique ou des couronnes d'or à la main, apportent aux prédestinés les prémices du Paradis. Des draperies aux plis harmonieux les enveloppent, des draperies bien différentes de celles que, vers la même époque, quelques maîtres florentins, Filippino Lippi, un si grand peintre arrivé à son déclin, Raffaello del Garbo, se laissaient aller parfois à tordre en guise de cordes, à enrouler en forme de bandelettes, autour de figures élégamment maniérées.

Quant aux élus eux-mêmes, ils tendent au ciel de tous leurs regards, de leurs regards seulement ; car Signorelli se refuse à les affranchir de cette loi de la pesanteur à laquelle Michel-Ange, par un procédé plus hardi en même temps que plus arbitraire, n'hésita pas à les soustraire. La force attractive qui les élève sans les enlever est d'ordre moral et s'exerce indépendamment de tout déplacement physique.

Ce n'est pas tout encore. En retour, vers les deux fenêtres dont les embrasures elles-mêmes contiennent les figures de l'Archange vainqueur de Satan, de l'Archange pesant les âmes, dernier écho, dernier rappel de ce qui forme le ton général de l'œuvre, deux fresques, égales en hauteur, inférieures en largeur à celles qui leur correspondent respectivement sur les faces principales et dont elles sont comme des annexes, en prolongent l'impression et à quelques égards en fortifient le sens. Si une prédilection décidée pour les commotions soudaines et les mouvements discontinus porte le peintre à en rester aux préliminaires de l'état de stabilité étrangère à tout changement qui doit suivre la dernière sentence, là seulement il fait un pas en avant, il trace comme deux épilogues dont l'un donne un aperçu de la geôle infernale, dont l'autre entr'ouvre une échappée de vue plus directe vers la patrie céleste. D'un côté, la transcription exacte d'un épisode de la *Divine Comédie* ([1]) présente une troupe confuse de damnés courant derrière un étendard, et, au-dessus, deux gardiens, armés de pied en cap, appartenant à la même escouade angélique que les sentinelles vigilantes de tout à l'heure ; de l'autre, des anges encore, les plus beaux qu'ait imaginés Signorelli, mais peut-être aussi, par malheur, les moins favorablement éclairés, invitent et dirigent quelques élus avec un surcroît d'expansive sollicitude. Ingres se serait-il souvenu de la visite qu'il avait faite à Orvieto, lorsque, dans l'une de ses créations les plus nobles, son *Saint Raphaël*, il a si bien rendu, à son tour, un désir de reprendre la route du ciel dont rien n'égale l'ardeur, si ce n'est l'empressement qu'il montre à se faire suivre en se communiquant ?

S'agit-il d'encadrer ces vastes compositions dans les bordures peintes où tant de maîtres, ses devanciers ou ses contemporains, surent introduire des combinaisons si variées, la préoccupation capitale de Signorelli s'accuse jusque dans cette partie secondaire de son œuvre. Rien qui ressemble au mélange de fruits, de fleurs, d'oiseaux, d'imitations de camées antiques, qui, dans les Loges du Vatican, témoigne du goût parfait et de la fécondité d'imagination avec lesquels Jean d'Udine marie les éléments naturels aux formes chimériques. Rien non plus, ou peu de chose, des caprices du Sodoma, qui, tantôt dans l'église de St-Dominique à

([1]) *Inferno*, chap. III.

Sienne, fait tourner autour de ses admirables figures de saintes, d'autres figures de moindres proportions, toutes pleines d'une élégance si profane, tantôt dans le cloître de Monte-Oliveto, près de Chiusuri (pays Siennois), ne se fait nul scrupule de donner aux graves récits tirés de la légende de St-Benoît, l'accompagnement de figurines plus décidément profanes encore, parfois même irrévérencieuses, qui s'enchevêtrent dans un réseau de lignes dont les contours et les crochets simulent les pattes de l'araignée ou les pinces du crabe. Rien, enfin, de l'ornementation autrement sérieuse, composée de séries d'entrelacs alternant avec des médaillons, qui s'associe sans disparate aux compositions bibliques du Campo-Santo de Pise. Chez Signorelli, la forme humaine, diminuée, réduite, mais toujours la forme humaine, marque profondément de son empreinte cette décoration accessoire dont, en plusieurs endroits, elle fait seule tous les frais. Des postures penchées, retournées, renversées, y rappellent les jeux des acrobates, de même que tout à l'heure d'autres attitudes faisaient penser aux exercices des athlètes. Tels ces intermèdes musicaux qui, servant à la fois de transition et de limite entre deux coups de théâtre, deux *tableaux* destinés à occuper successivement la scène, ramènent un fragment reconnaissable de quelque thème favori qui a reçu ailleurs tout son développement.

La même observation pourrait s'appliquer à d'autres diminutifs du sujet principal, écrits non plus en marge, mais en guise de *vignettes*, au bas des grandes pages qui constituent le corps de l'œuvre. Rattachés symétriquement par des arabesques qui courent entre eux et rejoignent les portraits, également arrondis, qui forment le point central de l'ensemble, ces sortes d'épisodes tiennent à la fois, par leurs teintes monochromes et par leurs formes orbiculaires, du bas-relief et de la médaille; ils figurent à leur manière, comme telle réminiscence de Donatello ([1]), les échanges, les emprunts mutuels par où les différents arts plastiques, que les mêmes mains cultivaient si fréquemment alors, se fécondaient et s'enrichissaient à l'envi.

Au fond, ils ont une signification plus importante, révèlent une autre alliance et servent en quelque sorte de point d'intersection entre les plus hautes sphères intellectuelles. Personnifiées par Virgile (qui partage cet honneur avec Claudien) et par Dante, la poésie antique et la poésie chrétienne, à titre d'avant-courrières et d'interprètes de la Foi et de la Révélation dont elles annoncent la venue, reçoivent à cette place un hommage imprévu. Là, Dante, théologien et poète à la fois, que Gozzoli, à Montefalco, n'avait osé introduire dans le sanctuaire que moyennant l'inscription et sous la garantie du vers célèbre :

Theologus Dantes, nullius dogmatis expers ;

que Raphaël n'avait pas encore admis tour à tour aux côtés d'Apollon et des Muses, en arrière mais tout près des saints en contemplation devant les mystères de la croyance catholique. Dante apparaît en pleine possession de sa puissance médiatrice attestée par des attri-

---

([1]) La reproduction sur un piédestal du bas-relief de *Saint Georges*, d'Or San Michele.

buts significatifs. Il est poète par le laurier qui le couronne, il reste théologien par l'étude attentive des lourds volumes amoncelés devant lui et que sa main feuillette. Des épisodes tirés de l'*Enfer* et du *Purgatoire* font vis-à-vis aux fables mythologiques qui offrent, avec Persée et Andromède, l'image d'une délivrance matérielle vaillamment conquise, avec Orphée et Eurydice, l'image morale de la délivrance d'une âme, vainement tentée, touchée de près, puis tout à coup hors d'atteinte.

Au terme de cette description rapide, il serait injuste d'omettre la part que Signorelli a réservée à l'une des convenances naturelles du sujet qu'il traitait. Dans la chapelle Sixtine, la présence d'anges porteurs des instruments de la Passion est la seule allusion faite à la mort du Christ. Signorelli, la regardant avec raison comme le nœud moral du drame dont il avait retracé les péripéties, comme le fondement des menaces et des promesses, le motif des terreurs et des joies qui en font le partage, plaça un *Crucifiement* au-dessous et un peu en retraite de l'une des parois principales, dans un enfoncement ni trop sombre ni trop profond, qui montre, qui cache à demi l'abaissement mystérieux du *Deus absconditus*. Deux figures de femme, la Vierge et Madeleine, deux figures d'hommes, debout, absorbées dans une contemplation douloureuse, entourent seules le crucifié. Elles ont en commun une expression touchante et contenue où se fait sentir la saveur un peu âpre dont s'imprégnaient les créations de Piero della Francesca. De ce côté, Pérugin n'a plus rien à voir ; on est transporté loin de lui, au pôle opposé de l'art ombrien.

Il sera toujours intéressant de choisir entre ces œuvres, dont les unes semblent annoncer et appeler les autres, celles qui ornent la chapelle San Brizio et celles qui frappent d'étonnement dans la chapelle Sixtine. pour les comparer, sans les confondre dans une même admiration. Michel-Ange à la Sixtine, de même que Signorelli à Orvieto, domine, mais ne règne pas seul. Des deux côtés, des atteintes inégalement graves furent portées à la règle d'unité dans l'exécution que les dispensateurs de tant de magnifiques travaux d'art eurent souvent la sage pensée d'imposer, mais dont l'observation, à peu d'exceptions près, se trouva éludée par tant de circonstances, soit négligences volontaires, soit abandon forcé qui ne devait être que momentané et qui est devenu définitif; sans compter la plus irréparable des causes d'interruption, la mort. Seulement l'effort n'est pas le même pour dégager, à travers les disparates ou même les contradictions partielles, ce qui doit demeurer l'impression maîtresse. Au Vatican, la page immortelle qui se dresse au-dessus de l'autel, les figures de Prophètes et de Sibylles, les scènes bibliques de la voûte, toutes ces créations qui, dans l'ordre religieux, représentent le lyrisme animant de son souffle le plus puissant les grandeurs de l'épopée, relèguent à distance, repoussent dans des régions inférieures, accablent de tout le poids de leur imposante majesté les compositions d'origine ombrienne ou florentine, si importantes qu'elles soient, qui servent en quelque sorte d'avenue, de préface à l'une, de piédestal aux autres.

Dans la chapelle San Brizio, un contraste se produit aussi, mais dans des conditions tout autres. A deux maîtres dont les qualités, se correspondant en sens inverse, pouvaient se dire complémentaires, sont échues en partage deux régions distinctes où chacun d'eux s'exerça dans la sphère qui lui était la plus naturelle. Des divisions étroitement liées du drame qui se déroule en bas, sur les parois latérales, de ce drame dont tous les acteurs terrestres restent si fermement, si carrément attachés au sol, l'œil, remontant vers les groupes supérieurs fixés dans le repos éternel, n'est pas désagréablement inquiété par la *transposition* qui modifie sur les traits, dans les attitudes de ces personnages divins, les conditions de la vie et l'éclat de la lumière spirituelle. Lorsqu'il passe d'un tumulte si confus à un calme si profond, à cette tranquillité souveraine, il admet sans en être choqué des différences de style et d'expression qui, si accentuées qu'elles soient, ne donnent toujours pas la mesure de l'intervalle immense ouvert entre les joies sereines de la cité divine et les catastrophes où s'abîme la cité terrestre.

Au-delà de ce premier entourage que l'Art compose seul, il en est un second, à rayon plus étendu, où la Nature entre en part avec les monuments qui sont l'œuvre de l'homme. Si l'on se place à ce nouveau point de vue, rien de comparable assurément au cadre que l'histoire, avec ses souvenirs les plus éclatants, le temps, avec ses ruines les plus solennelles, forment autour des grandes pages de Michel-Ange. Néanmoins, à Orvieto, d'autres consonnances naturelles se laissent découvrir, qui, sans réveiller des échos aussi puissants et aussi prolongés, ne manquent pas d'un charme austère. On trouverait difficilement une petite cité qui, dans un espace aussi rétréci, par les édifices encore debout qui abritent ses habitants, par ceux qui, tombés ou branlants, ne peuvent plus servir à leur défense, montre mieux comment ces constructions, qui n'appartiennent pas à la grande histoire, peuvent, elles aussi, rester fidèles ou faillir à la destination marquée par la main qui les fit surgir. En combien d'endroits l'antique enceinte, jadis forte, aujourd'hui vouée à la destruction, s'effondre en étalant des plaies béantes! Mais avec quelle ténacité continuent d'adhérer l'une à l'autre les pierres de tant de vieilles maisons, propices aux études architectoniques, ces pierres bronzées mais non usées par la vétusté, dont nul crépi, nul badigeon, ne dissimule la simple et robuste nudité!

Et le paysage accidenté qui s'étend au bas des bords escarpés du plateau que ces édifices enserrent et couronnent, n'est-ce pas également à certaines oppositions plus ou moins tranchées qu'il doit son caractère, son accent? Ici le torrent qui se dirige vers Terni roule ses eaux sur un lit caillouteux, entre des rives inhabitées, revêtues d'une végétation appauvrie et comme déchirée. Des monticules qui, dans plus d'un endroit, avec leurs bouquets de chênes clair-semés, avec leurs épaisses fougères que foulent de maigres troupeaux, font songer aux sites de la Bretagne ou du Morvan, vont s'élevant d'étage en étage jusqu'aux crêtes d'un gris blanchâtre qui occupent l'horizon. Là, dans la direction de Viterbe et de Bolséna, une route fréquentée circule au milieu de souples ondulations de terrain, parmi des nappes d'une verdure égale où se dressent des arbres variés, où percent quelques toits rustiques aux couleurs gaies, quelque blanche coupole d'église. Ainsi, la même lumière méridionale et les influences bienfaisantes du même ciel frappent, d'un côté, une terre aux lignes brisées, à l'aspect rude, presque sauvage, un sol ingrat qui ne rend pas, et s'étendent, de l'autre, pour la féconder, sur une région douce, docile à la culture, où l'Italie recommence à se faire connaître.

De quelque manière qu'elles soient entourées, et qu'en elles-mêmes l'élan lyrique ou le sentiment dramatique prédomine, de telles pages, dans lesquelles les effets purement pittoresques servent un sens dont la portée est si haute, sont vraiment les livres sibyllins de l'Art chrétien. La dernière en date pourrait, tant le ton en est fier, tant les révélations en sont impérieuses, suppléer toutes les autres. Il y a lieu de se féliciter toutefois, si, dans la série trop souvent interrompue, d'autres feuillets subsistent, plus ou moins maculés et déchirés, et mieux encore, lorsque parmi eux, presque à la fin, celui qui honore le nom de Signorelli apparaît intact. Elles généralisent, en l'étendant à l'humanité tout entière, elles prolongent, en la reculant au plus lointain des âges, elles proclament avec l'autorité retentissante des Ecritures sacrées qu'elles traduisent, cette secrète prédiction de la conscience que le plus sage des Grecs, interprète de la raison éclairée, recommandait de se répéter à tout risque, comme un chant qu'il est bon de murmurer doucement en soi-même ([1]). Elles prêtent une muette éloquence aux pressentiments mystérieux qui ne savent pas séparer des sévérités et des craintes salutaires de la mort, les douceurs de l'espérance et la vision radieuse de l'Éternité.

([1]) *Phédon*, LXIII.

www.ingramcontent.com/pod-product-compliance
Ingram Content Group UK Ltd.
Pitfield, Milton Keynes, MK11 3LW, UK
UKHW020931180726
13838UKWH00002B/880